12星座で「いちばん精神力が強い」

蠍座男子の取扱説明書

監修
來夢 アストロロジャー
櫻井秀勲

著
早稲田運命学研究会

きずな出版

はじめに なぜか気になる蠍座男子の秘密

「あまり話したことはないけど、なぜか気になる……」

そんな存在感を、初対面の人にも感じさせてしまうのが、蠍座男子です。

親しくなっても、馴《な》れ馴れしくできない。そんな雰囲気の彼に惹《ひ》かれる女性は少なくないでしょう。

彼はあまり自分のことを話しません。だからといって、打ち解《と》けていないわけではありません。仲間内で寂しそうにしている人がいれば、誰よりも、その気持ちを敏感に感じとる優しさがあります。

蠍座男子は、とても魅力的です。彼には、何とも言えない「色気」があります。

明るく、にぎやかなタイプではありません。

自分のことも他人のことも、必要以上に話をしないので、「何を考えているかわからない」という人も多いでしょう。

その寡黙《かもく》さが、カリスマ的な貫禄《かんろく》にもなっています。

蠍座の男性は、女性にも人気があります。

星座には、牡羊座から魚座まで12の星座がありますが、ミステリアスな魅力でいえば、蠍座男子は、他の星座に負けることはありません。

蠍座は、その名の通り「サソリ」を表す星座です。蠍のように、獲物《えもの》が来るまでじっと耐え、その獲物が来れば毒針で一撃する。蠍座男子は、そんな鋭《するど》さと情熱をあわせ持っているのです。

自分の夢や目標のためなら、あるいは、自分が愛する人のためなら、命をかけることができる人です。

「命をかけるなんて、大げさだ」と思う人がいるかもしれませんが、蠍座には、それが普通なのです。キレイゴトではなく、好きな人のためなら、どんなにつらいことにも耐えられる。それほど彼の思いは熱く、深いのです。まさに、本書のタイトルの通り、12星座でいちばん精神力が強いのが、蠍座男子です。

そんな蠍座男子に愛されやすいのは、何座の女性でしょうか。二人の関係が発展、持続していくには、どんなことに気をつけていったらいいでしょうか。

恋愛関係にかぎらず、たとえば蠍座の男性が家族であったり、同じ学校や職場、取引先にいたら、あなたにとって彼は、どんな存在でしょうか。

私はアストロロジャーとして、星の教えを学び、それを私とご縁のある方たちにお伝えしてきました。本書は、そんな私が自信を持ってお届けする一冊です。

この本は私の専門である西洋占星学だけでなく、もう一人の監修者であり、早稲田運命学研究会を主宰されている櫻井秀勲先生の専門である性差心理学の視点から、男性と女性の考え方の差についても考慮して、「蠍座男子」の基本的な価値観や資質、行動の傾向が書かれています。

「蠍座男子」の傾向と対策を知ることで、彼に対する理解が、これまで以上に深まるでしょう。また、それによって、あなた自身の価値観を広げ、コミュニケーションに役立てることができます。


私たちは、誰も一人では生きていけません。自分は一人ぼっちだという人でも、本当は、そんなことはありません。

「人」という字が、支え合っている形をしていることからもわかるように、男性でも女性でも、必ず誰かとつながっています。

誰かとつながっていきながら、幸せを模索していくのです。

「おはよう」の挨拶に始まり、「さようなら」「おやすみなさい」で一日が終わるまで、日常的な会話を交わす人、ただ見かける人など、その数をかぞえれば意外と毎日、いろいろな人に出会っていることがわかるでしょう。

私たちは平均すると、一生のうちに10万人と挨拶を交わすそうです。

長いつき合いになる人もいれば、通りすぎていくだけの人もいます。

とても仲良しの人、自然とわかり合える人など、優しい気持ちでつき合うことができたり、一緒の時間をゆったり過ごせる人も大勢います。

相手のプライベートなことも、自分の正確な気持ちもわからないけど、なんだか気になる、なぜか考えてしまう人もいることでしょう。

誰からも嫌われているという人はいません。それと同じで、誰からも好かれるということも、残念ながらありません。

気の合う人もいれば、合わない人もいる。それが人間関係です。

でも、「この人には好かれたい」「いい関係を築きたい」という人がいるなら、そうなるように努力することはできます。それこそが人生です。

そして、そうするための知恵と情報の一つが、西洋占星学です。

「この人は、どんな人か」と考えたときに、その人の星座だけを見て決めつけるのは、乱暴です。「蠍座」は人みしりな人が多いのですが、そのために、「近寄りがたい」と人に思わせる一面があります。だからといって、それが悪いというわけではありません。

ここでいう「蠍座男子」というのは、「太陽星座が蠍座」の男性のことですが、西洋占星学は、その人の傾向をホロスコープで見ていきます。

本文でも詳しく説明していきますが、ホロスコープには、「太陽」「月」「水星」「金星」「火星」「木星」「土星」「天王星」「海王星」「冥王星」の10の天体の位置が描かれます。生まれたときに太陽が蠍座にあった人が「蠍座」になりますが、太陽星座が蠍座でも、月の位置を示す「月星座」がどこにあるかによって、その人らしさは違って見えます。

「私の彼は蠍座だけど、寡黙なタイプとは程遠い」というような場合には、月星座の影響が強く出ている可能性があります。逆にいえば、月星座が蠍座の場合には、太陽星座が蠍座でなくても、蠍座らしさが強く出る人もいます。

この本では、「蠍座男子の取扱説明書」としていますが、月星座が蠍座の男性にも、当てはまるところが多いでしょう。とくに、恋愛関係やパートナーとしてのつき合いにおいては、太陽星座よりも月星座の面が強く出ることもあります。

本書は、「蠍座は○○な人だ」と決めつけるものではなく、その星の人が持ちやすい、本能ともいえるような特徴を理解して、よりよい絆を築くことを目的として出版するものです。

あなたの大切な人である「蠍座男子」のことをもっと知って、いい関係をつくっていきましょう。

アストロロジャー
來　夢

安全上のご注意

蠍座男子と、よりよい関係をつくるために

・『蠍座男子の取扱説明書』は蠍座男子の基本的な考え方、行動パターンなどを知って、よりよい関係性を築くことを目的としております。蠍座を含め、すべての星座の男子に対して、理解と優しさを持って、つき合っていくようにしましょう。

・蠍座男子及び他のどの星座であっても、最初から決めつけたり、相手の存在や気持ちを無視するような行為はやめましょう。

・蠍座男子もあなたと同じ感情や思考を持つ人間です。
意見が合わないとか、気持ちのすれ違いなど、あなたの価値観とは多少の不具合が生

じるかもしれません。可能なかぎり広い気持ちで接することを心がけましょう。

・自分が蠍座男子の場合

この本の内容のような印象で、周囲はあなたのことを見ている可能性があります。あなたにとっては、思ってもみないこともあるかもしれませんが、あくまでも傾向の一つとして自分自身を振り返っていただければ幸いです。

身近な人たちからの指摘で納得できること、自分で気になる点などがありましたら、改善をご検討ください。

すでに何かの部分で不具合などが生じている場合は、この本の注意点を参考に、あなたの言動の見直しにお役立てください。

★目次

2 Basic Style
蠍座男子の基本

3 Future Success
蠍座男子の将来性

4 Love
蠍座男子の恋愛

5 Compatibility

蠍座男子との相性

6 Relationship
蠍座男子とのつき合い方

7 Maintenance 蠍座男子の強みと弱点

12星座で「いちばん精神力が強い」蠍座男子の取扱説明書

執筆協力＝Julia☆

1

Start Up

西洋占星学と12星座について

12星座の始まり

西洋占星学は紀元前から続いてきた

この『12星座で「いちばん精神力が強い」蠍座男子の取扱説明書』は、西洋占星学の12星座の蠍座の研究をもとにしています。

西洋占星学のなかの12星座ですが、日本では1950年頃から研究が一挙に進み、現在多くの優秀な占星術師により、もっとも信頼のおける占術となっています。

早稲田運命学研究会会長の櫻井秀勲は1960年頃、「女性自身」の編集部に配属になったことで、恐らく日本初の西洋占星学のページをつくっています。

それ以後、12星座占いはしだいにポピュラーなものになっていき、女性で自分の星座名や性格、特徴を知らないという人はいないといってもいいほどです。

この12星座のもとになった西洋占星学は、はるか昔、紀元前の頃から始まっています。

始まりについてはさまざまな説がありますが、世界最古の文明である紀元前5000～3000年頃のメソポタミアの時代に生まれたという説もあります。

ここで重要なことは「文明が興《おこ》ると占いも起こる」という点です。

これは中国でも同じで、人間は占いなしでは生きられないのです。いや、日本でも武将や貴族たちは、占いを日常的に活用することで、人間の和を保ってきました。

そのようにはるか昔からの長い歴史のなかで、星の動きと自然現象、人間の運命などと結びつけ、細かい情報や研究が受け継がれて、いまのようなかたちになりました。

それだけに、この占いは正確です。

遊び半分の気持ちで読むのは、もったいない。あなた自身の一生を決めるかもしれない情報と知識が盛り込まれている、と思って参考にしてください。

ホロスコープと星の読み方

この地球に生まれた瞬間の星の位置を知る

西洋占星学は、12星座だけでなく、いろいろな情報を合わせて読んでいきます。

・12星座
・10の天体（惑星）
・12に区切られた室（ハウス）

と、最低でもこれらの星と、その星の位置と角度の情報を、一つの円のなかに描いたものがホロスコープ（天体図）といわれるものです。

このホロスコープを読み解くことで、その人の生まれ持った資質と運命を知ることができるのです。

ホロスコープ（天体図）には、その人の生まれた日にちと時間、場所による星の配

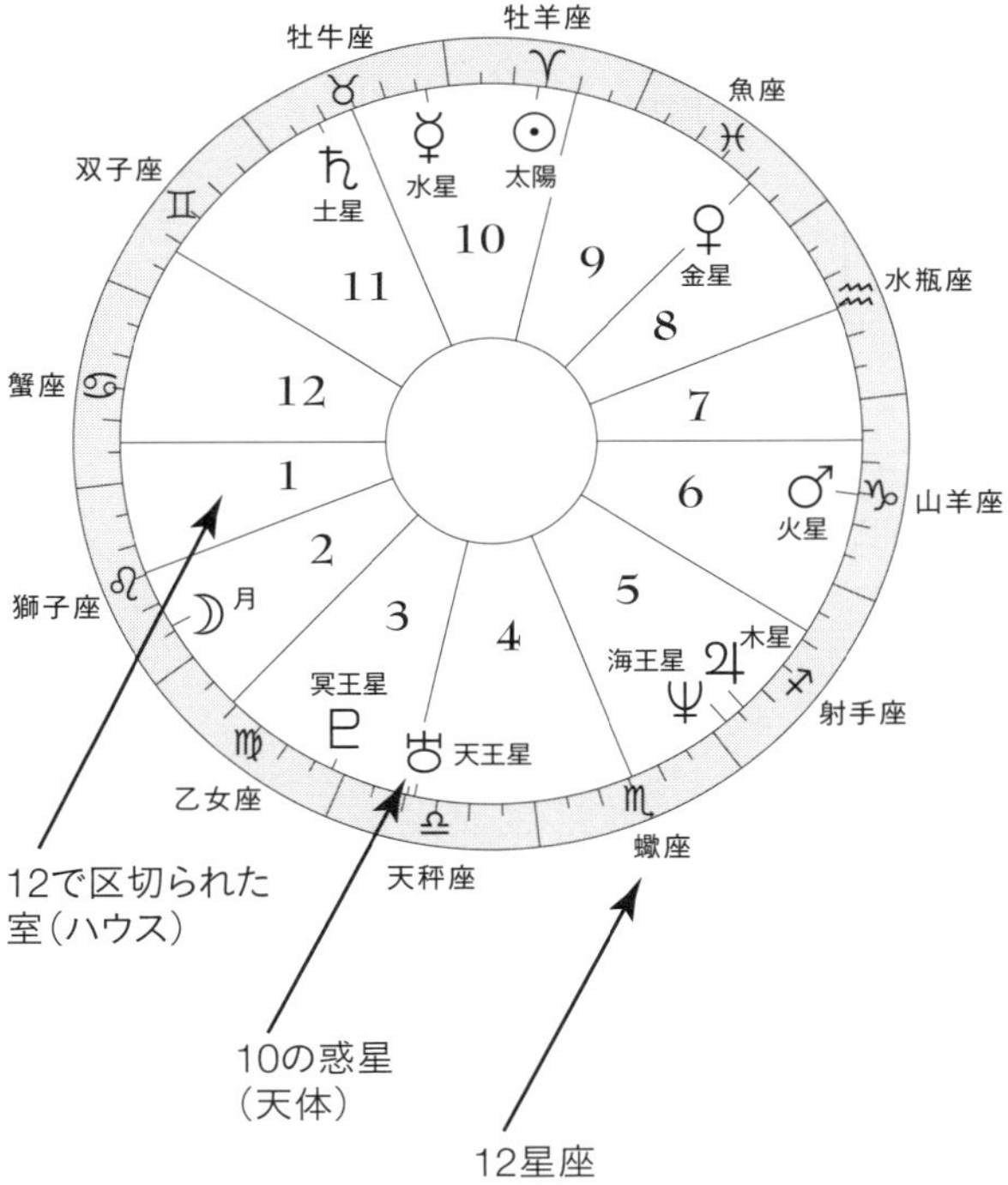

◉ホロスコープ（天体図）の基本

・いちばん外側が12星座
・その内側が10の天体（惑星）
・円の内側の数字は12に区切られた室（ハウス）

置が描かれます。それは同時に、あなたがこの地球に生まれた瞬間の宇宙の星たちの位置を知ることになります。

あなたがこの地球で生きていくために、持って生まれた才能、起こり得る未来の可能性などを記された人生の地図として活用できます。

かつてイギリスとフランスの王宮には、その国のもっともすぐれた占星術師（アストロロジャー）が召《め》し抱えられていました。いや、いまでもいるという話もあります。

それこそ、世界の崩壊を予言したノストラダムスや20世紀最高の占い師とされた天才キロも、最初は王宮で認められたのです。

これらの占星術師は国に王子、王女が生まれると、王から命じられて、秘かにその方々の一生の天体図をつくり上げ、それには亡くなる年齢と時期まで書かれていた、といわれています。

それほど当たるということです。

この人生のホロスコープを上手に読んでいくと、たとえば自分の苦手とすることや好きなこと、得意なこともわかります。

自分の好きなことや得意なことがわかると、自信を持って才能をのばしていくこともできます。

また、苦手なことや不得意なことと、どうつき合っていくのかを考える一助になります。あなたの人生において、それらを克服する必要があるのか否かを見極めるのです。必要であれば、挑戦したり、そうでなければ、あえてスルーするという選択もあります。

この本では蠍座男子とつき合っている、あるいはつき合うかもしれないあなたを中心に、参考になる情報を提供していきましょう。

守護星となる10の天体（惑星）

これから起こる人生のテーマを教えてくれる

10個の天体（惑星）とは、次の通りです。

ここで大事なのは、占星学では太陽も月も惑星と見なしているということです。

天体（惑星）	記号	意味
太陽	☉	活力・強固な意志・自我・基本的な性格
月	☽	感受性・潜在意識・感情の反応パターン
水星	☿	知性の働かせ方・コミュニケーション能力
金星	♀	愛・美・嗜好・楽しみ方
火星	♂	勇気・情熱・開拓・意志と行動の傾向

木　星	♃	発展・拡大・幸せ・成功
土　星	♄	制限・忍耐・勤勉
天王星	♅	自由と改革・独創性
海王星	♆	直感力・奉仕
冥王星	♇	死と再生・洞察力・秘密

この10個の天体（惑星）はすべての人のホロスコープにあり、その人の持つ人格や個性のエネルギーを表します。

それぞれの天体（惑星）は、おのおのが違う速度で移動しています。そのために、その天体（惑星）の位置は移動していき、星座は変わっていくというわけです。

たとえば、太陽は蠍座の位置にあっても、月は射手座、水星は山羊座というように、「10個それぞれが違う星座の人」もいれば、「2個は同じ星座だけど残りの8個は違う」という人もいます。

一人の人でもいろいろな星座の要素を持っていて、それがその人の「個性」となっていきます。

ホロスコープは、その人の生まれた年月日と時間と場所の情報でつくります。その人が生まれた瞬間の星の位置を表しますが、実際にこの10個の天体（惑星）は宇宙に存在して、つねに動いています。いまも動き、進んでいるのです。

生まれた瞬間の天体（惑星）と、いま現在の天体（惑星）の位置関係、そしてこれからも進み続ける天体（惑星）の位置関係を読むことで、その人に与えられたテーマを知ることができます。

10個の天体（惑星）の動きは、計算によって割り出され、いまでは書籍やインターネットなどで、いまこの瞬間の位置さえも簡単に知ることができます。

この10個の天体（惑星）の動き（位置）がわかると、あなたにこれから起きるテーマまでわかってしまいます。たとえば結婚などの人生の転機や、仕事での成果が得られるタイミングなども予測することができます。

けれども、それは予言ではありません。占星学は情報の一つ。それをどう活かすかは、その情報を受けとった人しだいです。

たとえば結婚するのにいいタイミングが来ていたとしたら、あなたはどうするでしょうか。

いまの彼との関係を、これまで以上に真剣に考え、お互いの気持ちを確かめることができれば、星の応援を得て、一気に結婚が決まるかもしれません。

「いまの彼との結婚はない」「いまは結婚したいと思う相手がいない」という場合には、新たな出会いを求めて、婚活に力を入れてみることも、もう一つの選択です。

「いまは結婚したくない」と考えて、結婚は「次のタイミング」を待つことにするという選択もあります。

いずれにしても、選択権はその人自身にあるということです。

そして、選択したら、それに向かって努力すること。それなしに、人生を拓いていくことはできません。

仕事においても同じことがいえます。「うまくいく時期」「成功しやすい時期」を予測することはできますが、ただその時期をボーッと待つだけでは、たとえそのタイミングが来ても、思ったような展開は望めないでしょう。

成果の出るタイミングが、たとえば2年後だとわかれば、この2年間で何をするのか、ということが重要になります。

この本では蠍座の個性について著《あらわ》していますが、今後あなたが自分のホロスコープを見る機会があるときは、あなたの未来のテーマとタイミングも、ぜひ合わせて見てください。そしてそのタイミングの機会を逃さずキャッチすることで、これからの計画や、実際に行動を起こすことが変わります。

自分の個性を活かしながら、未来のタイミングをつかんで、自分の人生を輝かせていきましょう。

生きる意思や基礎になる太陽星座

蠍座男子は謎めいて人を惹きつける

テレビや雑誌などでよく知られている12星座占いは、「○月○日生まれは○○座」というように、生まれた日にちで星座がわかるように表しています。

本来、西洋占星学は、生まれた日にちだけの星座だけでなく、10天体（惑星）を総合的に読みますが、そのなかでも、生まれた月日の星座は、生きる意思や基本となる資質などを表すため、とてもわかりやすくその人の特徴を知ることができます。

生まれた月日で見る星座は太陽の位置を示していることから、「太陽星座」ともいわれます。

この太陽星座は、その人がどのようにして、この社会で生きていくか、どのような生き方をするかという、その人の社会的人生の基礎となる部分であり、基本となる性格を表しています。

たとえば、生まれた場所や環境は違っても、蠍座生まれの男性は、自分から愛想をふりまいたりすることはなくても、どこか謎めいて人を惹きつける雰囲気を持っています。

生まれた地域や家庭環境、出会う人や関わる人の違いがあるにもかかわらず、同じ星座の人は同じような言動になりがちです。

太陽星座というだけあって、太陽のまぶしい輝きのように、その人はその星座らしくあるときがいちばん輝き、その人らしくいられるのです。

太陽星座は次のように分類されています。

【12の星座】（日にちは二十四節気の中気を目安に、生まれた年によってずれる場合があります）

牡羊座――3月21日（春分）～4月20日生まれ

牡牛座――4月21日（穀雨《こくう》）～5月21日生まれ

双子座――5月22日（小満《しょうまん》）〜6月21日生まれ
蟹　座――6月22日（夏至《げし》）〜7月22日生まれ
獅子座――7月23日（大暑《たいしょ》）〜8月22日生まれ
乙女座――8月23日（処暑《しょしょ》）〜9月23日生まれ
天秤座――9月24日（秋分）〜10月23日生まれ
蠍　座――10月24日（霜降《そうこう》）〜11月22日生まれ
射手座――11月23日（小雪《しょうせつ》）〜12月21日生まれ
山羊座――12月22日（冬至《とうじ》）〜1月20日生まれ
水瓶座――1月21日（大寒《だいかん》）〜2月18日生まれ
魚　座――2月19日（雨水《うすい》）〜3月20日生まれ

※（　）内が二十四節気の「中気」となります。

感情のパターンを表す月星座

同じ蠍座男子でも印象が少しずつ違う理由

太陽は昼間を明るく照らし、月は夜の暗闇の静かな時間に輝きます。

昼と夜があって一日となるように、一人の人間も、表に見せている部分だけがすべてではありません。月にあたる「陰の部分」もあわせ持っています。

陰というと、暗く、悪い面のような印象を持たれるかもしれませんが、そうではありません。ふだんは見せない、隠れている面といったほうがいいでしょうか。それがあるからこそ、その人の人生に豊かさや広がりが出てくるのです。

その人の特徴を表す星として太陽星座が大きな影響を与えていることは、これまでに書いた通りですが、太陽星座の次に無視できないのが「月星座」です。

太陽星座が社会での行動や基本になる人生の表の顔としたら、月星座は、その人の潜在的な心の動きを表す「もう一つの顔」になります。

月星座は、その人が生まれたときに、月がどの位置にあったかで決まります。

月星座が表すものは、その人の感受性や感情のパターンです。

太陽が生きる意思であり、社会的な生き方である反面、月は感受性や感情という、その人の見えない、隠れた部分となります。

「感情」は、日常のなかで誰もが持つものです。

喜び、悲しみ、怒り、あきらめ、驚き、嫌悪など、一日のなかでもさまざまに感情が動いていくでしょう。

でも感じたことは言葉にしないかぎり心にしまわれて、表に出ることはありません。

それだけ外には見せない「本音の自分」であるともいえます。

その感情の持ち方にも12星座の特徴がそれぞれ当てはめられており、感じ方がその月星座特有の性質となります。

たとえば、太陽星座が蠍座でも、月星座は違う星座という場合もあるのです。社会的には蠍座的な要素が強く出る人でも、内面は、まったく違う、という人もいることになります。

月は10個の天体（惑星）のなかでもっとも動きの速い星です。約2.5日で次の星座へ移動します。夜空の月を見てもわかるように、日に日に形を変えて移動していきます。ところで生まれた日の月の形がホロスコープを見るだけでもわかります。

たとえば、生まれた日の太陽（☉）と月（☽）の位置がほぼ重なっていたら、新月生まれとなります。つまり、太陽星座も月星座も蠍座だという人は、新月に生まれた人です。

また、生まれた日の太陽（☉）と生まれた時間の月（☽）の位置が真反対の１８０度の位置の場合、つまり太陽星座が蠍座で月星座が牡牛座の人は満月生まれとなります。これについては『月のリズム』（來夢著、きずな出版刊）に詳しく書かれています。

１ヵ月のあいだでも、月は日々刻々と、位置と形を変えて動いています。

それだけ月は動きが速いので、太陽星座が同じ蠍座生まれでも、生まれた日によって月星座は変わります。

太陽星座と月星座が同じ蠍座の場合は、生きる意思と感情が同じ星座なので、迷うことなく蠍座らしい生き方と感じ方ができます。

反対に太陽星座が蠍座で月星座が牡牛座だという人は、2つの異なる星座の要素が一人のなかに存在しています。蠍座らしい面がある一方で、その人の内面では生きる意思とは違う星座の性質も心に表れてくるので、葛藤や迷いが生まれます。

この葛藤や迷いは、その人だけが感じることであり、周囲の人にはわかりにくいものです。


「月星座」はインターネットで調べることができます。

調べるときは、生まれた月日だけでなく、生まれた時間がわかると、より正確な情報が得られます。月は動きが速いので、少しの時間の差で月星座が違う星座となる場合があるのです。

でもどうしても時間がわからない場合には、生まれた日にちの正午として調べることが通例となっていますので安心してください。

次に月星座の性格と特徴をあげてみましょう。

【月星座の性格と特徴】
牡羊座：目標に向かって積極的に突き進むことができる。熱いハートの持ち主。
牡牛座：温厚でマイペース。こだわりが強い。納得がいかないことには頑固。
双子座：好奇心が強く、言語や情報を扱うことを好む。気まぐれで二面性を持つ。
蟹　座：愛情が深く世話好き。感情の浮き沈みが激しく、仲間意識が強い。
獅子座：明るく陽気で想像力豊か。自信家でプライドが高い。
乙女座：繊細で清潔好き。分析力が高く、几帳面。他者への批判精神もある。
天秤座：調和と品格を重んじる。対人関係においてもバランス感覚抜群。

蠍　座：我慢強く、洞察力がある。嫉妬や執着は心に秘めて、気持ちを表に出すことはしない。性的魅力があり、スタミナがある。裏切りは絶対に許せない。

射手座：精神的成長や探求を好み、自由を愛する。移り気で飽きっぽい。

山羊座：管理能力と忍耐力がある。出世欲を持ち、堅実的な計算能力が高い。

水瓶座：独創的で、楽天的。多くの人やグループとのつながりや交流が持てる。

魚　座：感受性が豊かで優しさにあふれ、涙もろい。自己犠牲的な愛情の持ち主。

太陽星座の蠍座と月星座の関係

彼の月星座は何ですか？

蠍座の基本となる性格に、月星座が加わることで同じ蠍座でも、感情の部分の違いが出ます。月星座を組み合わせることで、裏の顔がわかるということです。

太陽星座が蠍座の男子を、月星座別の組み合わせで、その特徴を見てみましょう。蠍座の基本的な性格から見れば、思いがけない彼の一面の謎も納得できるかもしれません。この特徴は男子だけでなく、蠍座女子にも当てはまります。

【太陽星座が蠍座×月星座男子の特徴】

蠍　座×牡羊座：目的に向かって一直線。勇敢で激しい情熱と個性を持つ。

蠍　座×牡牛座：穏やかで愛と美を追求する。現実的でこだわりが強く保守的。

蠍　座×双子座：我慢強さと旺盛《おうせい》な好奇心。気まぐれで、熱しやすく冷めやすい。
蠍　座×蟹　座：創造力豊か。感情の変化が大きく、包容力があって情に厚い。
蠍　座×獅子座：プライドが高く大胆で頑固。人を惹きつける魅力と個性がある。
蠍　座×乙女座：鋭い視点を持ち、繊細で神経質。几帳面で奉仕精神がある。
蠍　座×天秤座：魅力あふれる社交家。感情を表に出さず愛情と調和を求める。
蠍　座×蠍　座：高い理想とブレない価値観を持つ。我慢強く、好みがはっきりしている。恋愛では相手に全身全霊で愛を捧げる。
蠍　座×射手座：集中力と行動力がある。探求心を持ち、有言実行ができる。
蠍　座×山羊座：努力家で責任感がある。統率力があり、真面目で計算高い。
蠍　座×水瓶座：冷静さと情熱を持ち、高い目標に向かって進む。変化を楽しむ。
蠍　座×魚　座：心優しく夢見がち。献身的で神秘的なものに惹かれる。

星のパワーを発揮する10天体の関係

12星座は守護星に支配されている

12星座にはそれぞれ10の天体が守護星となっています。

この守護星は「支配星」や「ルーラー」とも呼ばれており、12星座の基本的な特徴に、10の天体の表す性質が影響を及ぼしています。

長い歴史のなかでも、占星学の初期の頃は太陽・月・水星・金星・火星・木星・土星という7つの星が守護星だと考えられていましたが、その後、天王星・海王星・冥王星が発見され、占星学のなかに組み込まれました。

次頁の表では2つの守護星を持つ星座がありますが、( )は天王星発見前の7つの天体の時代に当てはめられていたもので、天王星発見後も「副守護星」として取り入れられています。

◉12星座と10天体(惑星)

12星座	守護星:天体(惑星)	守護星が表すもの
牡羊座	火 星	勇気・情熱・開拓・意志と行動の傾向
牡牛座	金 星	愛・美・嗜好・楽しみ方
双子座	水 星	知性の働かせ方・コミュニケーション能力
蟹 座	月	感受性・潜在意識・感情の反応パターン
獅子座	太 陽	活力・強固な意思・自我・基本的な性格
乙女座	水 星	知性の働かせ方・コミュニケーション能力
天秤座	金 星	愛・美・嗜好・楽しみ方
蠍 座	冥王星	死と再生・洞察力・秘密
	(火星)	勇気・情熱・開拓・意志と行動の傾向
射手座	木 星	発展・拡大・幸せ・成功
山羊座	土 星	制限・忍耐・勤勉
水瓶座	天王星	自由と改革・独創性
	(土星)	制限・忍耐・勤勉
魚 座	海王星	直感力・奉仕
	(木星)	発展・拡大・幸せ・成功

そのため、蠍座・水瓶座・魚座が、2つの守護星を持っているわけです。守護星のそれぞれの特徴は、前頁の表のように12星座に強く影響します。

蠍座の守護星は冥王星と、副守護星の火星と2つあります。

冥王星は地球からはいちばん遠い星であり、死や秘密など隠された部分や見えない部分を扱うことを特徴としています。

また冥王星が発見される前までは火星を守護星に持っていたこともあり、勇気や情熱というエネルギーがあります。この火星の性質は、同じ火星を守護星に持つ牡羊座には表面的に表れているのに対して、蠍座の場合はあまり表面に出ることはありませんが、「秘めた情熱」として、それが必要なときには熱く燃え上がります。

一見静かでミステリアスな雰囲気でも、熱いハートを持っているのが、蠍座です。

2
Basic Style
蠍座男子の基本

蠍座男子の特徴

極限状態まで耐えられる強い心を持っている

ではいよいよ、蠍座男子の性格の特徴を調べていきましょう。

西洋占星学では、春分の日（3月21日頃）を1年の始まりの日としています。春分の日から始まる12星座のなかで、蠍座は牡羊座から数えて8番目の星座です。

西洋占星学では牡羊座から始まり、6番目の乙女座までの星座を自己成長の星座とし、7番目の天秤座から魚座までの星座は社会性での成長を表します。

その8番目に位置する蠍座は他者との融合を表します。

牡羊座から乙女座までのあいだの自己成長の期間を経て、7番の天秤座で社会という他者と関わる世界に出ます。自分一人ではない他者との関わりが生まれたことで、価値観や考え方が大きく変化します。

その変化を自分のなかにどのように取り入れ、融合させていくかということをテーマにするのが蠍座です。そうして成長することにより、自分の価値観や考え方を構築し、それらを自分のものとして取り入れていくのです。

たとえば社会に出ていろいろな人と関わりはじめると、自分と違う価値観の人に出会います。

大勢のなかでは、自分の意見ばかりを主張していては、よい関係は築けません。相手の気持ちや考えを慮《おもんばか》って、受け入れていくことも必要になります。コミュニケーションをはかることで、心のつながりを築いていくわけです。

蠍座は、自分と相手の心を通わせ、融合して生きていこうとします。

また蠍座の守護星である冥王星は、「死と再生」を表します。

ここでの「死」は、命の終わりを表すものではありません。価値観や考え方を、一度リセットする、「無」にする、という意味として「死と再生」なのです。

蠍座は、心のつながりを築くだけでなく、自分の精神的な成長も果たしたいと考えています。

そのため、常に価値観や考え方を見直し、次への成長を促し、新しい価値観を生み出すことを喜びとして、そこに人生の意義を見出そうとします。

「表面的なことよりも、物事の本質を追求したい」

「物事の核となる部分を知りたい」

ということに生きる価値があると考えます。

蠍座の守護星である冥王星の神話には、冥府を司る神「プルートー（Pluto）」が登場します。「冥府」とは死後の世界です。蠍座には、「死」という見えない世界をも見通す洞察力がある、というふうに解釈します。

それと同時に、「死」＝「命がなくなる」という極限状態までも耐え得る強い心の持ち主である、ということを表しています。

この本のタイトルの通り、「12星座でいちばん精神力が強い」蠍座男子はまさしく、他のどの星座よりも、心が強いのです。

他の人が途中で投げ出してしまうようなことでも、蠍座が一度決めたことは貫き通します。自分が納得するまで、あきらめないのです。たとえ命をなくすことになっても、その決心が揺らぐことはありません。

心が強いといっても、傷つかないということではありません。

蠍座ほど、「人の気持ち」に敏感な人はいないといってもいいでしょう。

自分の気持ちはもちろん、愛する人や家族、友人など、大切な人の気持ちを察することができます。

その深い愛情は、相手の心の奥底までも知りたい、理解したいという思いに裏付けされたものです。まさに相手と自分を一体と見なして、自分のことのように相手の気持ちを感じたい、考えたいと思っているわけです。

蠍座の愛情は、相手の言うことをただ聞き入れるというような、表面的なものではありません。

ときには、相手に対して苦言を呈したり、厳しい態度をとることがあるかもしれませんが、それは、相手のことを思うからこそ、そうするのです。

それによって誤解されることがあっても、余計なことは言わない。そんなときの蠍座男子は、男のなかの男といってもいいでしょう。

愛情深く、優しい心と強い心の両方を兼ね備えている彼は、女性にとっては理想的なハートの持ち主です。そんな蠍座男子の「基本」を押さえておきましょう。

【蠍座男子の基本】
守　護　星：冥王星・(火星)
幸運の色：真紅・ワインレッド・パープル・黒
幸運の数：0
幸運の日：10日・20日・30日
幸運の石：トパーズ・オパール
身体の部位：性器、泌尿器、腎臓、鼻

その他：火曜日・深い赤い色の花・ダイビング

【蠍座男子の資質チェックシート】

□ 静かな時間が好き
□ 優しいと言われる
□ 直感が鋭いほうだ
□ 人見知り
□ 一度決めたことは変えたくない
□ 好き嫌いがはっきりしている
□ 絶対という言葉をよく使っている
□ ときどき怖いと言われる
□ おしゃべりは苦手
□ セックスが好き（興味がある）

資質チェックシートで3つ以上「✓」があれば「蠍座」の典型男子といえます。

「彼にはまったく当てはまらない」という場合には、彼には「太陽星座」以外の惑星の影響が強く出ている可能性があります。

前のホロスコープの項目でも書きましたが、人が生まれたときの星の位置によって、それぞれの性格や資質といったものの傾向を見ていくのが西洋占星学の基本です。

彼が「蠍座」だというのは、太陽星座が蠍座だということですが、それは、生まれたときに太陽が蠍座の位置にあったということです。

そして、その人の性質の傾向は太陽星座に大きく影響されますが、人はそう単純ではありません。

同じ日、同じ時間に生まれた双子でさえ、その性質には違いがあります。それはもちろん西洋占星学だけでは説明のつかないこともありますが、その人の詳細なホロスコープを見れば、その違いがわかります。

同じ蠍座でも、みんなが同じということはありません。

たとえば前でも紹介した月星座を見ることでも、また別の分類ができます。

人によっては、あるいは同じ人でも、つき合う相手との関係においては、太陽星座よりも月星座の性質が強く出ることがあります。

また、「資質チェックシート」で彼に当てはまるものが少なかった場合に考えられるのは、彼があなたに本当の姿を見せていないということです。

口数の少ない彼の本心は、なかなかわかりにくいものです。

でも、「彼は愛情にあふれた人である」という前提のもとに、彼の言動を見れば、その本意が見えてくるかもしれません。

あなたが好きになった彼は、あなたが好きになっただけの価値があります。そう思って、彼を見守り、あなたも彼との融合を意識してみてはいかがでしょうか。

蠍座男子の性格

愛情深い！　勘が鋭い！　不屈の精神！

あなたは自分の性格をどんなふうにとらえているでしょうか。

性格というものは親からの遺伝によるところも大きいでしょうが、親とはまったく似ていないという人も大勢います。

ではその性格はどうやって形づくられるのかといえば、それは生まれたときの宇宙の環境、つまり星の位置によって決まるといっても過言ではありません。

12星座にはそれぞれ性格の特徴があります。それぞれに、よい面もあれば、悪い面もあります。

蠍座男子にも次にあげるような長所、短所があります。

[長所]　　　　[短所]

愛情深い　↔　束縛が強い
洞察力がある　↔　極端
勘が鋭い　↔　警戒が心強い
集中力がある　↔　不器用
不屈の精神　↔　頑固・強情

長所と短所は背中合わせで、よいところであっても、それが過剰に表れれば、短所として他の人には映ります。

蠍座は12星座のなかでいちばん愛情深い星座です。また、洞察力があり、本質を見抜くことができるのも蠍座の得意とするところです。軽はずみな行動や表面的なものに惑わされないのです。

深い愛情で、相手のよいところも悪いところも包み込む優しい蠍座です。相手の欠点や多少の失敗も目を瞑《つむ》ってくれます。間違いをおかしても誠意をもって謝罪すると、ある程度のことは許してくれるのです。

でも、だからこそ自分のように深い愛情を相手にも求めてしまいます。蠍座のような愛情が返せなかったり、愛情を求められるとそれが重荷や負担に感じてしまうこともあります。その重荷がしだいに大きくなり、束縛《そくばく》されているようにもとられてしまうのです。

そして、洞察力のある蠍座は一瞬でその場の空気を読んだり、相手の内面を見抜きます。自分の好みかそうでないかを見極めるのが得意なのです。

たとえば初対面の人でも、仕草や会話から相手のことを見極めようとします。言葉の裏の意図や本性はどういう人なのだろうと、表面では見えないことも見ようとするのです。大抵その見極めは正しいことのほうが多いでしょう。

そして自分とは合わないと感じるとバッサリと切り捨てます。切り捨てるまではいかなくても、心のなかで壁をつくり、ある一定の距離感を保とうとするのです。

逆に気に入った人の場合は、初対面でも親切に自分から打ち解けようと努力します。警戒心が強く見えてしまうのも、心を許すまでに時間がかかってしまうためなのです。勘が鋭い蠍座男子は、いろいろなことを瞬時に感じていても、よほどのことでない限り黙っていることが多いのです。そのために近寄りがたいという雰囲気にもなってしまうのでしょう。

ここで蠍座を説明するのに無視できない、12星座の分類について二つお話しします。まず12星座は、「男性星座」と「女性星座」の二つに分けることができます。その分類は次の通りです。

【男性星座】……牡羊座・双子座・獅子座・天秤座・射手座・水瓶座
【女性星座】……牡牛座・蟹　座・乙女座・蠍　座・山羊座・魚　座

蠍座は女性星座に分類されますが、女性星座だから「女性らしい」ということではありません。中国には、森羅万象、宇宙のありとあらゆる事物は「陰」「陽」の二つのカテゴリーに分類するという思想がありますが、それに当てはめるなら、「男性星座」は「陽」、「女性星座」は「陰」になります。

男性星座は外に向かう意識であり、女性星座は内に向かう意識です。

もう一つは3つの分類方法です。これは12星座を行動パターンによって分類したもので、「活動宮」「固定宮」「柔軟宮」の3つに分かれます。

【活動宮】……牡羊座・蟹　座・天秤座・山羊座
【固定宮】……牡牛座・獅子座・蠍　座・水瓶座
【柔軟宮】……双子座・乙女座・射手座・魚　座

活動宮は、スタートさせる積極的な力を持ち、意欲的に行動します。

固定宮は、エネルギーを貯蓄し、持久力と維持力があります。

柔軟宮は、やわらかい性質で、変化に対応できる力があります。


この二つの分類から、蠍座は「女性星座」であり、「固定宮」であることがわかります。つまり、内に向かう意識と、持久力、維持力を持つ星座だということです。

そのため、持ち前の集中力で、決めたことをやり通す不屈の精神があるのです。

また同じ「女性星座」であり、「固定宮」である牡牛座は、現実的なものを重視します。感情や人の心を重視する蠍座との違いがここにあります。

「固定宮」はエネルギーを貯蓄する力がありますが、それを器用にこなす、というふうにはいきません。集中する力があるということは、分散させることができにくく、臨機応変に態度や意見を変えることは苦手です。

また決めたことを貫く、やり遂げることができるのは、周囲の状況や意見に惑《まど》わされないからですが、それが頑固《がんこ》に見えてしまうこともあります。

蠍座男子は、目標や夢など、自分が信じていることに向かって静かに進んでいきます。そこに派手さはありませんが、ひたむきな姿勢は頼もしいものです。

人によっては彼のことを「おとなしい人」と思っている人も多いでしょう。

物静かで余計なことを言わず、アクティブな活動もしない――こんなふうに書くと、自分の意思がないんじゃないかと疑う人がいるかもしれませんが、そうではありません。目標に向かう熱い気持ちを、表に出さないだけなのです。

静かに自分の思いを抱いて行動するからこそ、それが実を結んだとき、強い信頼を勝ちとることにもなります。「固定宮」の人に、アクティブに動きなさい、というのは無理な話です。それは、「活動宮」の人に、じっとしていなさいというのと同じで、どちらも、うまくいかないでしょう。

それぞれに、それぞれの傾向があります。その本質を知ることで、彼のことをより深く理解できるかもしれません。

神話のなかの蠍座

相手を一撃で倒す我慢強さと集中力

夜空に広がる星たちは、さまざまな星座を形づくっています。あるときは勇者であったり、あるときは動物や鳥などの生き物、または日常で使う道具となって語り継がれ、その多くは神話として残されています。

現代では夜も暗くならない都会や、空気の悪い場所では、とても明るい光を放つ星以外、星座という形で見る機会は、少なくなってきました。

それでも、そうして神話が語り継がれてきたからこそ、私たちは星座の一つひとつを知り、その教訓を星の教えとして学ぶことができます。

そのなかでも蠍座は、いまも夏の夜空に大きく見つけやすい星座として知られています。

アンタレスという赤い一等星を中心にS字のように蠍の形をつくっています。

そんな蠍座の神話はオリオンを一撃で倒した話として有名です。

海神ポセイドンの子として生まれたオリオンは強い勇者であり、狩人でした。狩りに出かけては、大きな獲物を仕留めていました。また美男子であったがゆえに早熟で、好色な面もあったといわれています。

自分の力と容姿に自信があったオリオンは、しだいに傲慢《ごうまん》になっていきました。その傲慢さは神々の怒りを買い、神々は彼をこらしめようとしたが、なかなかうまくいきませんでした。後に女神ヘラが毒サソリを使い、オリオンはその毒針で刺し殺されてしまうのです。

ここで注目したいのは、美男子で向かうところ敵なしのオリオンが一撃で倒されてしまうことです。

サソリは、相手がスキを見せるまで待つ我慢強さと集中力で、静かにオリオンに近づき、スキを見て毒針を刺しました。

時が来るまで、静かに待つというのは、簡単なようでなかなか難しいものがあります。とくに戦いの場面では、積極的に攻めるほうが決着は早く着きそうです。待つことで、相手に攻められる可能性もあります。

そこで待てるという我慢強さが、蠍座の強い精神力を表しています。

「一撃で倒す」というところも、蠍座ならではの特徴です。

オリオンを倒したサソリは、力ずくで攻撃を仕掛けたのではなく、強い毒で急所をつくのです。急所をつくというのは、相手の本質、核となる部分を見抜くからこそ、できることです。どんなに大きく力のある生き物でも、必ず急所があります。「弁慶の泣きどころ」というのは、向こう脛《ずね》のことですが、弁慶ほどの豪傑でも痛がって泣く急所とされています。そうした急所や弱点を見抜く目には、物事の根本は何かということに対しても見極めていく力があるのです。

蠍座は12星座のなかで、いちばん我慢強さと集中力がある星座なのです。

蠍座男子のキーワード

「I desire」（私は欲する・求める）

星座にはそれぞれ、キーワードがあります。

蠍座のキーワードは、「I desire」（私は欲する・求める）です。

人が生きるうえで、求めるものである「欲求」の形にはいろいろあります。生きるための欲求や何かを補うための欲求やまたは生理的な欲求とさまざまです。

その「欲求」を満たすために行動するのが蠍座なのです。

日常普通に「お腹がすいた」「眠くなった」という生理的欲求は誰にもありますが、それは命を守るものであったり、危険から回避するものであったりします。その誰もが求める欲求を素直に求め、進んでいくのが蠍座です。

欲求を素直に求めるというと欲張りなように見えますが、そうではありません。蠍座の場合、常に心を満たすことに価値を見出し、それを追い求めて生きているのです。

蠍座は、「心が満たされないことに意味はない」と思い、「感じる」ということを重視します。そこには理屈や説明はいらないのです。

たとえば起業したいと思ったら、一生懸命に会社設立に向けて準備をします。

そして、いざ事業をスタートさせて自分の思いや求めていた方針と違う展開になったら、あっさり手放してしまうということもあります。どれだけ努力して積み上げたものであっても、自分の心を満たさないものだと感じたら、それはもう必要ではなくなるわけです。

逆に、「満足のいくことができた」「力一杯がんばって目標達成した」という場合にも、そこで手放したり、休止したりします。満たされることで、「もう充分」と感じて、また次を求めて進んでいきます。

他の人から見たら「もったいない」と思うことでも、蠍座には、本能のままにしていることで、それが自然の流れなのです。

その意味で、蠍座は、極端な人です。

せっかく自分が積み上げてきたものを、捨ててしまうようなことをしなくても、たとえば、それは続けつつ、新しいことをスタートさせる選択もあるはずです。家族や恋人など、近しい関係である人ほど、「彼のすることは理解できない」ということがあるかもしれません。それが、彼のワガママに見えてしまうこともあるでしょう。

けれども、蠍座には、蠍座なりの信念があるのです。その信念を通そうとするとき、周囲の目や評価は気にしない。それだけの強さがあるということです。

決して、家族や大切な人たちのことを考えていないわけではありません。

彼の貫く信念のその先に描く幸せのイメージのなかには、愛するあなたの存在もあるのです。

次の章では、そんな蠍座男子の将来性について見ていきましょう。

3

Future Success

蠍座男子の将来性

蠍座男子の基本的能力

多くを語らず、信頼をゲットする

あまり自分のことは話さず、黙々と仕事を進める蠍座男子。

自分から率先して何かを発信したり、自己主張をしたりすることはありません。

だからといって出世を望んでいないとか、報酬は必要ないとは考えていません。

蠍座男子はキーワードに「I desire」（私は欲する・求める）を持ちます。

欲しいと思ったら、そこに向かって行動します。必要だと考えたら努力します。

でもそういうことを積極的に他の人に言ったり、行動に表したりはしないので、「無口でおとなしそうな人」「野心がない人」という印象を与えている人も多いのです。

無口というのは、口が固いということもあります。

秘密も守り、無駄なことや余計なことは話しません。

それはビジネス上の機密情報に限らず、個人的な相談事でも同じです。蠍座は、どんな小さな秘密も守ることができます。そんな彼には、誰もが「安心して重要な話ができる」と思うので、自然と情報が集まってきます。あなたの会社や友人のなかで、いちばん重要な情報を持っているのは蠍座かもしれません。

多くを語らず、自分なりの目的に黙々と取り組む蠍座には信頼と信用が築けます。蠍座は自分から、自分のことをアピールしたりすることはありません。得意なことや自分の才能をひけらかすこともありません。でも、周囲の人たちは、暗黙の了解で、彼に一目置く。そんな信頼をゲットしているのです。

それが、蠍座のカリスマ性にもつながっていきます。どこか謎めいた雰囲気を持っている蠍座には、目立とうとしているわけではないのに、周囲にその存在感を感じさせてしまう魅力があります。

そんな彼を献身的に支え、信頼できる関係を築くことができたら、それこそ女冥利《みょうり》に尽きるというものです。蠍座男子は、いったん信頼関係ができれば、あなたという人を、人として、女性として、一生大切にしてくれるでしょう。

【蠍座男子のスペック】

行動力：★☆☆☆☆（1つ星）必要なときのみパワーを発揮する

体　力：★★★☆☆（3つ星）体力はなくはないが精神力で維持

情　熱：★★★★☆（4つ星）好きなもののみに発揮

協調性：★★★☆☆（3つ星）好きな人には寛大

堅実さ：★★★★☆（4つ星）決めたことには地道に努力

知　性：★★☆☆☆（2つ星）好きなことに偏りがち

感受性：★★★★☆（4つ星）勘が鋭い

総合的な将来性：★★★☆☆（3つ星）

蠍座男子の適職

生命をテーマした仕事で才能を発揮

どこか謎めいて多くを語らない蠍座男子は、持ち前の我慢強さと生命をテーマした関係の仕事で才能を発揮できます。

どんな職業に就いても「我慢強さ」は必要でしょう。けれども、仕事にもある程度慣れてくると、いつのまにか、いいかげんになりがちです。でも、蠍座の我慢強さは、変わることがありません。よりよくなるための努力を怠ることなく、一つのことに取り組めば、自分が納得するまであきらめないのです。

本人は、それを特別のこととは思っていません。「それくらいのこと」は、蠍座にはあたりまえのことなのです。だから、周囲の人にも、その熱い思いを殊更《ことさら》に主張することもありません。

たとえば、日々の練習と健康管理が必要なスポーツ選手でも常に日々のルーチンワークにもっとよい方法を加えようとしたり、常に記録をあげる努力を惜《お》しみません。

ここで一つ「スポーツ選手」という職業は内向的で頑固な蠍座には向かないと思われてしまうかもしれません。確かに瞬発力を伴い、活発な行動であるスポーツは蠍座というイメージは少ないでしょう。

けれども蠍座には、副守護星に火星があります。火星は勇気や情熱を表し、エネルギーを瞬発的に発揮するスポーツ選手に向いています。

また守護星には冥王星があり、冥王星は「死と再生」という生命を表します。自分の生命の限界まで力を発揮するスポーツは、守護星から見ても合っています。

「生命」ということでいえば、医師など医療に関わる職業も適職の一つです。

働く姿勢にも守護星の影響が出ており、自分の限界まで、それこそ命をかけて、どんなことにも取り組みます。その意味では、どんな仕事に就いても、手を抜くことなく、一生懸命に働くのが蠍座の人です。

洞察力があり、鋭い視点を持つ蠍座は、「心理学」「占い師」など、見えない世界に関係する職業でも才能を発揮できます。

謎めいた魅力は人を惹《ひ》きつけます。カリスマ性や独特な個性を持ったアーティストや俳優にも活躍している人が多いことでも、それが証明できます。

【蠍座男子が向いている職業】

医師、精神科医、心理学者、研究者、公務員、スポーツ選手、水商売、天文学者、占い師、専門職、システム関係、芸術家、調査関係、芸能関係

【蠍座男子の有名人】

堀江貴文、マツコ・デラックス、前園真聖、リリー・フランキー、宇都宮隆、木村拓哉、つんく♂、長瀬智也、岡田准一、松任谷正隆、池田貴将、島田裕巳

蠍座男子の働き方

努力と成果は正当に評価されたい！

目標に向かってがんばれる蠍座男子は、どの職業についても、自分なりの目標があると、そこに向かって真剣に取り組むことができます。目立つことや先頭に立つということよりも、自分なりのペースで進められたり、集中できる環境を望みます。周囲の目や評価はあまり必要とせず、自分の求めることをやっていきたいと考えているのです。

だからといって、まったく出世や収入のことを考えていないわけではありません。自分の努力と成果は、正当に評価されることを望みます。

また自分なりの目標が出世や収入と考えると、目標に向かって一生懸命努力をし、成果を出そうとします。

秘密主義でもある蠍座は、自分の目標や夢を他の人に言ったりアピールするのはカッコ悪いことだと思っているところもあります。

秘密主義ということ自体、本人はあまり意識していないかもしれませんが、やはりペラペラと話したり、できもしないことは言わないほうがいい、言っても仕方がないという考えがあります。だからこそ精進して成果を出すという行動に向かうのです。

そんな蠍座男子は、好き嫌いがはっきりしています。

その根拠は本人の感性によるもので、いったん決めると、どんなことがあっても揺らぐことはありません。0か100かという、はっきりしたものです。

白か黒か。中間とかグレーとかはありません。「完璧主義」に近いものがあります。

自分の趣味でも、与えられた仕事でも、いったん好きになると「一生モノ」にする覚悟で取り組んでいきます。

どのような試練でも乗り越えたり、継続していく強い熱量があるのです。

けれども、それがまた、いったん「嫌い」「気に入らない」となると、いともアッサり投げ出してしまうのです。その投げ出すスピードはあっという間で、周囲の人も驚かされることが少なくありません。

集中力も我慢強さもある蠍座男子は、器用に臨機応変に行動するタイプではありませんが、多くを語らずとも、時間をかけ、信頼と実績を積み上げていきます。それが簡単に壊れることはありません。蠍座男子が、社内やチームで「静かな人だけど、いちばん信頼できる」と思われるのは、こうした性質からです。

仲間にすると心強い蠍座男子は、男女問わず、職場において「いなくてはならない一人」です。

蠍座男子の金運

培った実力と実績から引き寄せ、譲り受ける

心を満たすことに価値を見出す蠍座男子です。

金銭や物質的なものよりも、精神的なものに関心を示します。だからといってお金が必要ないかというと、そうではありません。

心を満たすために必要な手段として、お金のことも考えています。その満たす心は自分の場合もありますが、深い愛情を持つ蠍座は自分以外の愛する人の心も自分と同じように満たしたいのです。

たとえば、愛する人が喜ぶために贈り物をする。そのためにはお金が必要です。また愛する家族の生活を守るためにもお金が必要です。

お金を稼ぐ先には愛する人の喜びと幸せがある。そう考えることで、蠍座男子の心

が満たされていくのです。愛する人の喜びが自分の喜びでもあるのです。

また警戒心が強い蠍座男子は「もしも」のときのためを考えて、貯金もします。派手な行動をしたり、にぎやかな交友関係も得意ではないので、そういうところで散財はしません。どちらかというと、きっちり財布の紐《ひも》をしめているほうです。

極端な面もある蠍座男子は、使うときは豪快《ごうかい》です。しっかり貯金しているかと思うと、大金をポンと使ってしまうこともあります。

精神力が強い蠍座男子は、自制心を最大限に活かすことができたら、コツコツと長年かけて蓄え、結果、大金を築くということもできます。

でも極端な性格が悪く出て、無一文になるまで使い果たしてしまうということもあります。ストレスや感情のバランスが崩れた場合、この傾向が出るので注意してください。

死と再生の星、冥王星を守護星に持つ蠍座は、男女問わず、命に関係することからも財産を得ます。

命からの財産というと少し暗く怖いイメージですが、そうではありません。一般的に考えられるのは遺産の相続などもありますが、他にも仕事の実績が認められて、会社や地位などを与えられたり、譲り受けたりするという特徴を持っているのです。

権力者に媚《こ》びへつらうことなく、実力と実績を認められるという芯の強さが金運を引き寄せるのです。

蠍座男子の健康

性器、泌尿器、腎臓、鼻、遺伝性のものに関する病気に注意

太陽の位置や月の満ち欠けという星たちの動きは、自然界だけでなく、人の身体にも大きな影響を与えています。

たとえば、太陽の光が輝く昼間は活発に動き、夜になると眠くなるという日常の身体の現象をはじめ、女性の生理周期は月の周期とほぼ同じです。

また、満月の夜にいっせいに産卵するウミガメや珊瑚の例もあります。人間でも満月の夜に性交する男女が多いことを、以前、英国の軍隊が確認したというレポートもあるほどです。

医学の父と呼ばれるヒポクラテスも占星学を研究し、実際医療に活用していました。これを占星医学といいますが、12星座の身体の部位の関係は否定できません。

［星座］　［身体の部位と、かかりやすい病気］

牡羊座――頭部、顔面、脳
牡牛座――耳鼻咽喉《じびいんこう》、食道、あご、首
双子座――手、腕、肩、肺、神経系、呼吸器系
蟹　座――胸、胃、子宮、膵《すい》臓、食道、消化器系、婦人科系
獅子座――心臓、目、脊髄《せきずい》、循環器系
乙女座――腹部、腸、脾《ひ》臓、神経性の病気、肝臓
天秤座――腰、腎臓
蠍　座――性器、泌尿器、腎臓、鼻、遺伝性の病気
射手座――大腿部、坐骨、肝臓
山羊座――膝、関節、骨、皮膚、冷え性
水瓶座――すね、くるぶし、血液、血管、循環器系、目
魚　座――足（くるぶしから下）、神経系

前頁の一覧を見ると、蠍座は「性器、泌尿器、腎臓、鼻、遺伝性の病気」となっていて、その部位の病気にかかりやすいのです。

ここで重要な点は、健康問題が起きやすいというのは、その部位をしっかり使っているということです。

蠍座の注意すべき部位に「性器、泌尿器、腎臓、鼻、遺伝性の病気」ですが、蠍座は男女問わずセクシーさでは12星座でトップクラスの星座です。

蠍座の神話のところで登場したオリオンも、美男子で早熟だったとされています。また忘れてはいけない蠍座の生と死という、命や見えない世界を追求する姿勢があります。そのため愛した人には命をも捧《ささ》げる覚悟を持っているのです。

愛した人とは肉体のつながりであるセックスを通じて情熱的に愛を交《か》わし合う蠍座は、性器や泌尿器はいつも清潔にしておくことが大切です。

また、遺伝性の病気というものも、命や生と死ということと関係する蠍座ならではのものになります。

死ということで肉体は滅びますが、DNAに刻まれているものを受け継いでいくのです。そのなかには、病気という形で肉体に影響を与えるものもあります。

腎臓は天秤座でも重要な臓器の一つとしてあげましたが、体内の血液を濾過《ろか》したり、不要なものを体外に排出したりする臓器です。

サソリは毒を持っています。そのため、体内の毒を浄化する機能である腎臓に負担がかかりやすいのです。

実際の人間が毒を持っているという意味ではありませんが、体内の浄化に敏感に反応します。

また我慢強いため徹夜をしたり、ついつい無理をしてしまいます。そういうとき体内の水分のバランスを整えたり、疲れで溜まった毒素を尿として排出するため腎臓と泌尿器は負担がかかりやすいのです。

天秤座同様、腎臓は気をつけたい臓器の一つです。

感情面でもストレスを受けやすい蠍座です。自分だけでなく愛する人の感情のことも思い、気にかけているために自然と負担がかかってきます。

我慢強くいつも自分のことを表に出さない彼ですが、身近にいるあなたが彼の感情の変化やストレスなどを、そばで気遣ってあげるようにしましょう。

蠍座男子の老後
いくつになってもセクシー

年齢に関係なく、自分から新しい世界や環境へ飛び込むことに、人一倍勇気を使う蠍座です。できるなら安心できる環境で、仲のよい人たちと居心地のいい状態にいたいのです。

自分から新しい人間関係をつくるようなことはしませんが、相手から話しかけられたり、感じよく声をかけられることは嫌いではありません。むしろ、そうしてほしいと思っています。

でも年齢を重ねて、ある程度のステータスがあったり、異性や歳の差があったりすると、なかなか自分から率先して新しい環境へ飛び込むことはできません。

そのため、病気やケガなどで寝たきりにならない限り、自ら築いてきたテリトリーのなかですごしていることが多いでしょう。

決まったお店や慣れた友人関係、趣味の仲間など、居心地がいい仲間たちとのコミュニティーで活動します。

ある程度限られたコミュニティーではありますが、そのなかでも優しく面倒見のよい頼もしい存在となるでしょう。

口も堅いので、秘密の話や相談をよく持ちかけられます。人は、秘密を守ってくれる人には何でも話します。ふだん他の人にはできない相談事や悩み事までついつい話してしまう。そんな存在の蠍座男子は、しだいに「相談するなら◯◯さん」というふうにいつのまにか仲間内に頼られる相談役にもなっているでしょう。

深い愛情を持つ蠍座は仲良くなったら、裏切りなどない限り一生の友人となれるのです。相手はそこまで思っていなくても、大切に思う相手には心から優しく接してくれます。

ただし蠍座は物事の本質をつきます。会話などで「チクリ」と耳が痛いことを言うのです。若いうちや、あまり関係が近くないときには抑えることができたことも、年齢を重ねていくうちにそれができなくなります。

本質をつかれた言葉や「チクリ」と刺さる言葉には、大抵その人の思い当たることがあるために聞きたくないものがあるでしょう。

そこで「そんなこと言わないで！」と言っても蠍座は聞く耳を持ちません。彼のなかでは本当のことをなぜ言ってはいけないのだろう？　と思っているのです。

口論にする前に「また毒をはいたわね」といって笑って流すほうがお互いのためということもあります。

でもやはり人間です。誰しも言われて嫌《いや》なことはあります。

そんなときはこっそり二人だけのときに「内緒にしておいてね」というふうに伝えると秘密にしてくれるでしょう。

また、いくつになってもセクシーな雰囲気は残っています。

どこか謎めいてセクシーな部分は年齢問わず異性の気を惹きつけます。精力も衰えないという蠍座の特徴から年齢を重ねても女性との関係が続けられるでしょう。

何歳になろうと、身も心も女性として扱い、愛情を注いでくれる蠍座男子と一緒にいることで、あなたの女性としての魅力も永遠に保っていられるでしょう。

4
Love
蠍座男子の恋愛

蠍座男子が惹かれるタイプ

女性としての色気と魅力は必須条件

12星座のなかでいちばん色気のある蠍座男子です。好みのタイプも、やはり女性としての色気と魅力を持つ女性に惹かれます。

女性としての色気や魅力というと、いろいろあります。しっとりした女性らしい仕草や、ふだんは見せない優しさや柔らかさをふと見せたときに心を奪われます。

蠍座男子は早い段階から女性への関心があります。いわゆる早熟な男子なのです。でもだからといって経験が多いとは限りません。

好き嫌いがはっきりしている、ということと、警戒心が強いということもあり、女性への関心は高いものの行動をするまでに時間がかかるのです。

また、いったん好きになった人には、命をかけてもよいと思う蠍座の性格のため、一人の女性と長くつき合うことが多いでしょう。

とは言っても、基本は女性にもセックスにも興味があります。本人にも色気があるためモテます。口も堅いため秘密の恋や相手がいるというケースもあるのです。女性にもセックスにも興味があるとはいっても、誰でもいいということはありません。彼なりのこだわりと鋭い視点で、初めて会ったときから、女性のいろいろな部分を見ています。

たとえば、初対面のときにいくら着飾っても、行動ががさつだったり、言葉使いが悪かったりすると受け付けません。ペラペラとおしゃべりで騒がしいタイプも苦手です。

好みかそうでないかは、大抵の場合、第一印象で見極めています。そのなかにはセックスできるか、したいかということも含まれています。

また蠍座男子自身は心優しく愛情たっぷりの性格です。そのため自分と同じような優しさと、愛情の深さを求めてきます。本気になった相手は一生モノなのです。

もし第一印象であなたが蠍座男子の好みでないと判断されても、心配ありません。愛情の深い彼です。一生懸命彼に愛情をもって尽くしたり、彼の好みに近づこうと努力を見せると、その健気さに蠍座の心の壁がしだいに崩れていく場合もあります。

「自分のために努力してくれている」

「いつも自分のことを優しく応援してくれる」

と彼が感じたら、彼も優しく接してくれるようになります。そこからゆっくり時間をかけて距離を縮めていくことから始めていきましょう。

愛情深い蠍座男子とは、一生つき合う覚悟を持つことが必要です。

蠍座男子の告白

本心や内面をオープンにすることが苦手

秘密を守る蠍座男子は、好きな相手ができても、最初は相手に気づかれないことのほうが多いでしょう。

少しずつ仲良くなって、しだいに距離を近づけていくのです。

もともと社交的なことは苦手な蠍座男子です。

普通の友人関係でも、自分の心を開くまでに時間がかかります。

社会人として一般的な人づき合いはできても、自分の本心や内面をオープンにするということは苦手に思っていたり難しいと感じているのです。

そのため、好きな相手が自分をどう思っているかわからないうちは、自然と仲良くすることで相手に近づこうとします。

「相手が自分のことに興味を持ってくれているか」

「少しでも好きでいてくれるか」

ということを見ています。本心では、熱く情熱的な恋心を持っているにもかかわらず、冷静を装っているのです。

そして相手も自分に好意があると知ると、とたんに自分の気持ちを表します。

また本質を見抜く蠍座男子は、まれに出会ってまもなく愛を告白することがあります。それは自分の思い描く理想の相手と一瞬で見抜いたときなのです。

そういうときは「きみのことが好きだ！」といきなり告白したりする場合もあります。どのタイミングがベストか。それを見計らうことも、待つこともできるのが、蠍座の才能です。

蠍座男子のケンカの原因

彼とより深く結ばれる仲直りのコツ

愛情深く優しい蠍座は自分と同じくらいの愛情を求めています。

もし彼が怒ったり、不機嫌になったときは、あなたからの愛情が欠けていると感じて不安になってしまったときでしょう。

ふだんはいろいろな形で、あなたに愛情を表現します。優しい言葉をかけてくれたり、スキンシップはもちろん、あなたが失敗したときも、あたたかく慰めてくれたり、味方になったりしてくれます。

そんな彼に対して、あなたがあまりにも自分勝手で軽率な行動をしたとき、彼の気持ちを裏切るような態度のときに彼は不満に思います。

でも、不満に思ったからといって、すぐに怒るわけではありません。

「きっと何か理由があるのだろう」「いまは忙しくて一杯一杯なのだろう」というふうに、辛抱《しんぼう》してくれるのも、蠍座男子の深い愛情があるからこそ。

だからと言って、彼の懐の深さをあたりまえのように考えてしまってはいけません。いくら愛情があるとしても「我慢の限界」というものがあることを知っておきましょう。

蠍座男子は愛する人のために多少のことは我慢していますが、いったんその限界を超えると、感情を抑えきれなくなるのです。

突然怒り出す彼を前に、

「いままで優しかったのに何にキレたのかしら？」

と、あなたはとても驚くかもしれません。

でも彼はいままでの不満を我慢して我慢して、限界に到達したときの怒りなのです。

そんなときは素直に言葉にして謝るのはもちろん、愛情をたっぷり表現しましょう。

日頃、彼がしてくれる愛情表現をそのまま返してあげるのです。

率直な気持ちを言葉にして伝えたり、スキンシップをしたり、彼が心から安心できる愛し方を示すのです。

あなたの気持ちが彼にあることがわかると、また以前のように優しく、あなたを愛してくれるでしょう。

彼の愛の懐の深さにあなたが甘えすぎないことが、喧嘩を回避し仲良くいられるコツです。

蠍座男子の愛し方

軽い気持ちでつき合うなんてできない

愛する人には全身全霊で愛情を注ぐ蠍座男子。

そのため、「軽い気持ちのつき合い」というのは蠍座男子の辞書にはありません。

「恋人イコール一生のつき合い」というふうに彼は思っています。

彼とつき合うには、その愛を受けとめる覚悟が必要です。

すぐに結婚という形はとらなくても、彼は愛する人に対して一途《いちず》なので、たとえ恋人であっても、まるで家族のように接します。

愛の形はいろいろありますが、一途に全身全霊で愛されるということは、女性では誰でも一生に一度は味わってみたい感覚ではないでしょうか。

最近では自分に自信がなくて、誰かに愛されているか、必要にされているかと存在意義を不安に思ってしまうという人もいる時代です。そんなときに命をかけて愛してくれるのが、蠍座男子なのです。

でもそんな愛情に応えきれないとき、彼の愛を重く感じてしまうこともあります。一途ということがそのまま独占欲に変化したり、全身全霊で注がれる愛情に応えられず、しだいに負担に感じてしまうのです。

また愛情表現のなかでもセックスへの関心については、12星座で一番といわれるほどです。テクニックや生まれ持った色気から、そういうふうにいわれることもありますが、命をかけたつながりの行為として、蠍座が大切にしているのがセックスです。

愛する人と一体となる行為は、蠍座にとって心を満たし、愛を確認できるのです。

情熱的で濃厚――そんな愛し方ができるのは12星座のうち、蠍座男子だけです。

蠍座男子の結婚

いつまでも深い愛情で家族を見守る

中途半端な愛し方のできない蠍座男子は、つき合っている相手とは結婚は既に想定内のことです。

極端な言い方をすると、一生一緒にいられない相手とはそもそも恋愛もできないと感じています。なので、つき合いはじめの頃から、彼の頭には結婚は常にあります。

ただし、精神的なつながりを求める蠍座男子にとって、「結婚」は「単なる形式」という考えもあります。永遠の愛は誓いたいけど、結婚という書類上の手続きは、必要としないという考えです。

事実婚など、愛する人と一緒にいられればそれでいいという人もいるでしょう。

でも、もしあなたが彼との結婚という形を望んでいたら、正直に気持ちを伝えてみましょう。

ひょっとしたら、

「お互いに愛し合ってるんだから、このままでもいいんじゃない？」

「わざわざ結婚しなくても二人の愛があればいいよ」

と言うかもしれません。

でも、愛するあなたが永遠の愛を結婚という形にしたいということがわかると、愛情深い彼は、きっとあなたの望む形にしてくれようとします。

すぐにできないときでもタイミングを待って叶えてくれようとします。

そして結婚後も彼は変わらず、あなたを愛してくれます。

子どもができたり、家族が増えても彼のあなたへの愛は変わりません。また子どもや家族にも、愛を持って接してくれます。細かいことはいちいち言いませんが、だからといって、どうでもよいと思ってるわけではありません。

深い愛情で見守っている、というほうが正しいのでしょう。

肝心なことは彼に相談したり任せたりすると、とても頼りになります。

逆に気をつけたいのは、その彼の愛にあぐらをかいてしまわないことです。

彼の懐の大きさや、注がれる愛情を無視したり、ないがしろにすることはやめましょう。

忙しくて思うように二人の時間が取れないときでも、スキンシップで愛する気持ちを言葉にして表現したり、ちょっとハグをしたりするだけでも、彼はあなたの愛を感じ、安心できるでしょう。

5

Compatibility

蠍座男子との相性

12星座の4つのグループ
火の星座、土の星座、風の星座、水の星座

12星座はそれぞれが持つ性質によって、4つの種類に分けられています。

（1）「火の星座」――牡羊座・獅子座・射手座
（2）「土の星座」――牡牛座・乙女座・山羊座
（3）「風の星座」――双子座・天秤座・水瓶座
（4）「水の星座」――蟹　座・蠍　座・魚　座

火の星座（牡羊座・獅子座・射手座）は、「火」のように熱い星たちです。特徴としては情熱的で、創造的なチャレンジをすることで元気になります。

土の星座（牡牛座・乙女座・山羊座）は、「土」のように手堅く、しっかり者です。現実的で慎重、忍耐力があり、感覚的な能力が発達しています。

風の星座（双子座・天秤座・水瓶座）は、「風」のように軽やかで、自由です。知識欲が旺盛で、社会的な物事を知的に理解する能力があります。

水の星座（蟹座・蠍座・魚座）は、「水」のようにしっとりしています。感情・情愛を基準に価値判断をします。自分だけでなく、相手の感情もとても重視します。

あなたの星座は、火、土、風、水の、どのグループに属しているでしょうか。

この4つの分類だけでも、蠍座との相性がわかります。

（1）「火の星座（牡羊座・獅子座・射手座）」と蠍座……ちょっと微妙

火と水の関係は打ち消し合うので、ちょっと微妙な関係です。水が火の勢いを、いつも消してしまいます。つまり火のやる気や行動力を、止める役目をしてしまうのです。「牡羊座・獅子座・射手座」と「蟹座・蠍座・魚座」は、互いを理解できず、それを相手にわかってもらえないことで、しだいにストレスを感じるようになるでしょう。

（2）「土の星座（牡牛座・乙女座・山羊座）」と蠍座……まあまあよい

土と水の関係は、協力できる関係なので、仲良しです。土に水を加えれば大地は固まり、強い絆が生まれます。水は土に栄養を運び、土は水を入れる器になるようにお互いが強みを出し合うことで力を発揮できます。「牡牛座・乙女座・山羊座」と「蟹座・蠍座・魚座」はお互いの長所を発揮して、よい関係を築いていけます。

（3）「風の星座（双子座・天秤座・水瓶座）」と蠍座……ちょっと微妙

風と水の関係も打ち消し合うので、ちょっと微妙な関係です。風は自由でいたいのに、水があると風の動きが制限されてしまいます。水も風があることで波立ったり、揺れ動かされたりします。「双子座・天秤座・水瓶座」と「蟹座・蠍座・魚座」は、お互いにわかり合えないので、一緒にいても心がざわつき、違和感を抱えてしまうので、居心地が悪いのです。

（4）「水の星座（蟹座・蠍座・魚座）」と蠍座……とてもよい関係

同じ水の性質同士なので、親しい関係になりやすいです。

一緒にいても違和感なく、出会ったばかりでも、すぐに親しくなれますが、同じ水の星座でも、蟹座、蠍座、魚座は性質がそれぞれ違います。どの星座も情があって、他の人からは「優しい人」と思われることが多いでしょう。けれども、それだけに人との距離が近くなりすぎて、ときにはケンカしてしまうこともあります。似ているからこそ、相手の欠点も見えやすいということがあるのでしょう。

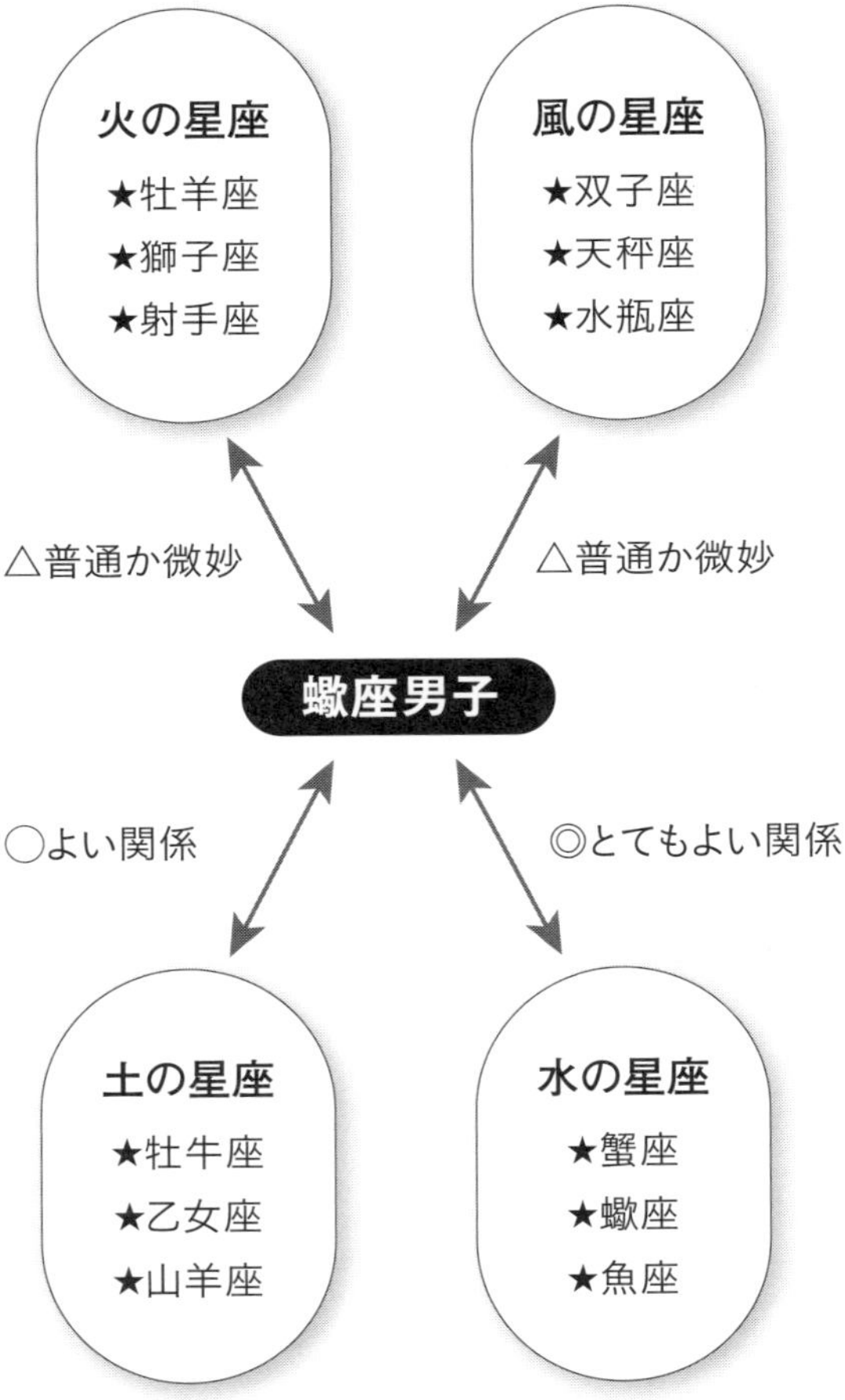

◉**蠍座男子**と4つのグループ

12星座の基本性格

あなたの太陽星座は何ですか？

蠍座とそれぞれの星座の相性を見る前に、まずは12星座の基本的な性格を見てみましょう。それぞれの星座について、象徴的な言葉を並べてみました。

【12星座の基本性格】

牡羊座：積極的で純粋。情熱的。闘争本能が強い。チャレンジ精神が旺盛。

牡牛座：欲望に正直。所有欲が強い。頑固。現実的で安全第一。変化を好まない。

双子座：好奇心が強い。多くの知識を吸収して行動する。器用貧乏。二面性。

蟹　座：母性本能が強い。同情心や仲間意識が強い。感情の浮き沈みが激しい。

獅子座：親分肌で面倒見がよい。豊かな表現力。創造性がある。誇り高い。

乙女座：緻密な分析力。几帳面。清潔好き。批判精神が旺盛。働き者。
天秤座：社交的。人づき合いが上手。バランス感覚にすぐれている。
蠍　座：不屈の忍耐力。物事を深く考える。時に疑り深い面も。やるかやらないか極端。
射手座：自由奔放。単刀直入。興味は広く深く、探究心が旺盛。大雑把。無神経。
山羊座：慎重。指導力がある。地味な努力家。臆病。無駄がない。
水瓶座：自由で独創的。変わり者。博愛。中性的。ヒラメキ。発見するのが得意。
魚　座：自己犠牲的。豊かなインスピレーション。優しい。ムードに流されやすい。

性格には「いい性格」も「悪い性格」もなく、すべては表裏一体です。
それぞれの星座の「象徴的な言葉」から、あなたなりの理解で、読みとることが大切です。

12星座女子と蠍座男子の相性
組み合わせで、これからのつき合い方が変わる

牡羊座女子（火）と蠍座男子（水）——△

「火」と「水」という、まったく違う性質の組み合わせです。牡羊座女子は活発で行動力があります。考える前に行動していたり、そのときの勢いで何事も一生懸命に取り組みます。

蠍座男子も目標に向かって黙々と努力したり行動しますが、あまりそれを表に出しません。また行動はするものの、変化や新しいことに積極的に行動することは得意ではありません。

アクティブに行動する牡羊座女子とは真逆のタイプで、価値基準も正反対といっても過言ではありません。

けれども、蠍座男子には秘めた情熱があります。牡羊座の守護星は火星です。その火星を副守護星として蠍座は持っているのです。そのため好きなもの、自分が目標と決めたことは表には出しませんが、熱い気持ちがあるのです。

牡羊座女子は持ち前の情熱を隠すことなく行動します。そんな牡羊座女子の元気いっぱいな行動力と一生懸命さに、初めは蠍座男子は興味を持ちます。そして蠍座男子は牡羊座女子を応援したくなります。

牡羊座女子も優しい蠍座男子に安心し、信頼します。蠍座男子は牡羊座女子を愛して大事にしてあげようとしますが、牡羊座女子は目的に向かって一直線です。愛を確かめ合いたいときにも、牡羊座女子が蠍座男子の愛情がわからず、しだいにすれ違ってしまいます。

蠍座男子の寡黙なところや愛情の深さから、牡羊座女子は自分とペースの違いと愛情の重さが、しだいに面倒になっていきます。

お互いの行動パターンや価値観の違いを、自分にはないものと割り切ってつき合うと刺激になったり、学びとなっていきます。自分にはない価値基準をどのようにとらえていくかで、蠍座男子への理解が変化し、成長することができるでしょう。

牡牛座女子（土）と蠍座男子（水）――○

牡牛座と蠍座は「土」と「水」という、協力し合える関係です。牡牛座女子は五感が鋭く、慎重です。蠍座男子も洞察力があり、警戒心が強いところがあります。

牡牛座女子と蠍座男子は、どこか似た感覚があり、一緒にいても居心地がよいと感じます。牡牛座女子は、色気があって物静かな蠍座男子にときめき、安心できる存在として頼りに思います。お互いのペースや感覚が似ている二人は、それが共鳴し合うと、とてもいい関係になれます。

牡牛座女子のマイペースでこだわりが強いところも、蠍座男子にはかわいく思えるポイントです。牡牛座女子も彼の深い愛情に包まれて、まるで家族のように甘えられるでしょう。

ただし牡牛座女子のこだわりが強すぎるところが出てしまうと、蠍座男子は自分の愛を受け入れてもらえていないと感じ、自分の心に壁をつくったり、不満を少しずつためていきます。

牡牛座女子の頑固さと、蠍座男子の強情さがぶつかってしまうことになると誰も手がつけられないのです。

そんなことにならないように、彼が話を聞いてくれているときも、蠍座男子の気持ちを考えながら、ゆっくり二人の愛と絆を結んでいきましょう。

協力し合えると、お互いのよいところを引き出せる関係です。蠍座男子の静かだけれど、内面の深い部分にある情熱や愛情を受け入れ、時間をかけてお互いの気持ちを尊重していくと、いい関係が長く続けられるでしょう。

双子座女子（風）と蠍座男子（水）――△

双子座と蠍座は「風」と「水」という、まったく違う性質の組み合わせです。双子座は自由で軽やかです。それに対して蠍座は、愛情や感情を分かち合うことに重点を置きます。

そんな蠍座男子は、双子座女子にとって少し重たい存在です。双子座女子も、二人で一緒にすごす時間を楽しみたいと思っていますが、それと同じくらい、一人ですごす時間も大切にしたいのです。本音のところでは、愛情や感情にも執着がありません。女性なら少なからず男性に全身全霊で愛してもらうと嬉しいものですが、双子座女子は一緒にいることと愛情は別の話と思っています。蠍座男子の愛情あふれる行動は、束縛にしか思えず、そのことを不満に思って文句を言うようになります。

蠍座男子は、双子座女子の多少の文句やワガママも受け入れてくれます。受け入れてはいるけれど、やはり不満には感じています。しだいに苦痛になってしまったときに蠍座男子の心のシャッターは閉まってしまいます。

自由や軽やかな関係を望む双子座女子には理解できない、蠍座男子の愛や価値観かもしれませんが、どこか安心できたりホッとできるのは、変化を好まない蠍座男子の安定感や優しさでしょう。愛されていることを実感したら言葉にして伝えてあげましょう。それだけでも彼は安心するのです。蠍座男子のツボを上手に押さえることができる双子座女子の持ち前の知性で、よい関係に持っていくことも可能なのです。

蟹座女子（水）と蠍座男子（水）——◎

蟹座と蠍座は「水」と「水」という、同じ性質の組み合わせです。蟹座は明るく、感情をストレートに愛を表現します。蠍座は静かに、深い愛を心に抱いています。どちらも、愛という「情」を、価値基準の最優先に持つ星座同士なので、自然とわかり合え、一緒にいても居心地がよく、仲よくなれる関係です。

蟹座女子は、自分の感情を隠すことなく表に出します。蠍座男子は、それとは反対に自分の感情を表に出しません。それでも、蟹座女子の感情の変化を理解し、受けとめることができます。揺れ動く気持ちや愛情の分かち合い方も似ているので、お互いにお互いのことを理解しやすいのです。

蟹座女子の母のような愛情に、蠍座男子は安心できます。二人の思いが通じれば、愛に満たされた関係になれますが、愛情の注ぎ方をどちらかが間違ったり、裏切ったりすると、かなりややこしい関係になるのも、この二人です。

蟹座女子が感情を露わにしても、受けとめてくれる蠍座男子ですが、その許容量を超えてしまうと、彼はうんざりして、結局、別れてしまうということもあります。

また、裏切りや自分勝手な行動は、彼を不安にさせるだけです。愛にあふれる二人だから、愛を上手に育んでいく。あとで後悔することがないように、感情をよいほうに使っていきましょう。

獅子座女子（火）と蠍座男子（水）——△

獅子座と蠍座は「火」と「水」という、まったく違う性質の組み合わせです。

獅子座は明るく、常に創造的チャレンジしてきます。そんな獅子座女子を、蠍座男子はとてもまぶしく感じて、惹きつけられます。

獅子座女子は総じて、ノリがよくて素直です。蠍座男子は、そんな獅子座女子に自分にないものを感じ、優しく応援したいと思います。獅子座女子にとって彼は、静かだけれど誰よりも深い愛で見守ってくれている人、ではないでしょうか。

誇り高い獅子座女子は、他の人の前では、弱音を吐いたりしたくはないと思っています。だから、悩みや不安を抱えていても、それを自分から表に出したりすることはないでしょう。けれども蠍座男子には、なぜか安心してなんでも話せる。秘密は守ってくれるし、鋭い視点からのアドバイスもくれるので頼もしく感じます。そこから彼への気持ちがスタートした、という人もいるでしょう。

この二人で仕事や家庭をつくるときは、獅子座女子のリーダー気質を蠍座男子が優しく見守って支えるとうまくいくでしょう。

獅子座はストレートで、太陽のような暖かさと明るさを好みます。蠍座は見えない世界や静かな時間を好みます。お互いの好みや居心地のよさの価値観が違うのです。

蠍座は愛する人の気持ち、自分の気持ちなど、「心」が大切ですが、獅子座はそれよりも生き方や社会での活躍、存在意義などを重視します。

この組み合わせの恋愛は、お互いが大切にしている部分を、お互いに理解し合えると燃え上がり、長くつき合うことができます。

他の人からはしっかりものだと思われている獅子座女子ですが、根は寂しがり屋で、ときどき無性に誰かにそばにいてほしいと思うことがあります。そういうとき優しく受けとめてくれる、蠍座男子はピッタリなのです。

乙女座女子（土）と蠍座男子（水）——○

乙女座と蠍座は「土」と「水」という、協力し合える関係です。

乙女座は細やかに人に気遣い、配慮することができます。蠍座は持ち前の洞察力で空気や雰囲気を読み、心の変化も素早く察知します。

乙女座女子は人とのつき合いを大切にします。たとえ苦手な人にも、そういう素振りを見せることはありません。蠍座男子は好き嫌いがはっきりしているので、嫌いな人には関心をまったく示しません。愛する人には命をかけても、嫌いな人は嫌い、なのです。乙女座女子は、そんな蠍座男子のはっきりした態度が苦手でもあり、少し羨ましくも思っているかもしれません。

また、優しくてセクシーな彼は、乙女座ならずとも、女子にとって惹かれるポイントです。蠍座男子は、乙女座女子の清楚な雰囲気と気配りのできるところに魅力を感じます。つき合いが長くなればなるほど、彼はあなたに遠慮なく偉そうな態度や言葉を投げてくるようになるかもしれません。ときには、辛辣《しんらつ》な言葉に、繊細なあなたは傷ついてしまうこともあるでしょう。

また、蠍座男子は、自分が相手に示す優しさや愛情を、相手にも返してほしいと思っています。それがしだいに、乙女座女子には負担に感じるようになります。

愛し方やコミュニケーションの取り方に違和感を感じる前に、自分の気持ちを正直に、彼に伝えるようにしましょう。彼はそれを受けとめてくれるでしょう。

彼の深い愛情を注がれることで、自信がついていきます。

相手のいいと思えるところを認め、理解できないところは、自分から歩み寄ること
で、よい関係を築いていけるでしょう。

天秤座女子(風)と蠍座男子(水)――△

天秤座と蠍座は「風」と「水」いう、まったく違う性質の組み合わせです。

天秤座女子は華やかで社交的です。オシャレな雰囲気を身にまとっています。実際、服や持ち物など、きれいでオシャレなものが多いでしょう。そんなあなたのことを、蠍座男子は、女性として魅力的に感じています。自分にはないものを持っていることと、女性としての美しさや魅力に心を惹かれているでしょう。天秤座女子にとって、蠍座男子は色気があって、どこか謎めいた雰囲気があるところが気になるポイントではないでしょうか。お互いに惹かれ合うのが、この組み合わせです。

そんな二人が一緒にいるだけで、自然と目を引くカップルになりそうです。

蠍座男子は自分の愛情をめいっぱいに注いで、あなたのすべてを受けとめてくれる

でしょう。だからといって、そんな彼の愛情をあたりまえに思ったら、彼のほうでも不満がたまって、結局はうまくいかなくなってしまいます。

天秤座女子の軽やかさと華やかさは、蠍座男子にはないものです。彼は、あなたとの関係では、「彼女はどこかへ行ってしまうのではないか」「彼女に裏切られるのではないか」と心配になったり、不安になったりしやすいのです。

精神的なつながりが確認できると安心できる蠍座男子には、天秤座女子から愛情表現をこまめにしてあげることが大事です。あなたの愛が確認できることで、彼の不安や不満を解消することができるでしょう。

活発な天秤座女子と、変化やアクティブなことを苦手とする蠍座男子です。まったく違う性質であるからこそ学びがあり、互いに成長していくこともできますが、それを受け入れられないと、そもそも交わることのない関係だということもできます。

うまくいく人もいれば、うまくいかない人もいます。相手を知ることで、自分にとって何が大切かがわかるというのは、どんな恋愛においても共通することですが、それこそが恋愛の醍醐味です。

蠍座女子(水)と蠍座男子(水)――◎

同じ星座同士の組み合わせは、多くを語らずともわかり合える関係です。なにか出来事があったときにも、二人は、ほぼ同じように反応するからです。

初対面でも、なんだか気が合うと感じたら同じ星座だった、ということがあります。同じ星座同士は、基本の性格が似ているので、話も合うし、行動するにしても、何も言わなくても同じことをしようとしていた、ということがあります。また、同じ星座の二人は、「雰囲気が似てるね」といわれることも多いようです。

相手を尊重し、お互いの好みを共有できると、とても強固なつながりを持つことができます。運命の出会い、永遠の同志、といえるような、かけがえのない存在として、お互いにとって、なくてはならないパートナーになれるでしょう。

深い愛情を求め、その愛によって満たされることを望む蠍座同士は、相手の思いや、それを示すタイミングと分量が、お互いにとって「ちょうどいい感じ」で表現できます。だから二人でいると、安心して愛し合うことができます。

燃え上がっているあいだは、二人だけの世界になって、誰も邪魔することはできないほどです。他のものを一切受け入れられないくらいの、強い絆で結ばれた気持ちになれるでしょう。

お互いに、相手を思いやり、大事にしようという気持ちは十分すぎるくらいにあります。それが過剰になったり、自分が与えてもらうことばかりを求めすぎると、相手の重荷になってきます。

極端な言い方をすると、一度愛し合ったら死ぬまで、とことん愛し合う二人です。

お互いに強情なところがあるので、ケンカをしたら、どちらも自分から謝ろうとはしません。そんなときには、あなたのほうから歩み寄ってみるのも、二人の関係を長続きさせる秘訣です。一生を共にできる大切な存在になれる二人なのですから。

射手座女子（火）と蠍座男子（水）――△

射手座と蠍座は「火」と「水」という、まったく違う性質の組み合わせです。

射手座は活発で探究心があります。その探究心は精神的な成長であったり、単に自分の興味であったりしますが、自由であることがいちばん大切といってもいいほどです。そんな射手座女子を、蠍座男子は尊敬し、彼女を支えていきたいと思っています。

射手座女子も、蠍座男子のそんな気持ちが嬉しいはずです。

でも、射手座女子は、一つのところに留まっていることが苦手なのです。逆に、蠍座男子はあまり変化や新しいことへの刺激を望んでいません。そのため、しだいに蠍座男子は、あなたについていくのが難しくなってしまうかもしれません。

また心のつながりを求めたり、一緒に静かな時間をすごしたい蠍座男子の気持ちが射手座女子には重く感じてきてしまうのです。お互いの気持ちや価値観がすれ違って、もしかしたら、先にあなたのほうで心変わりしてしまうかもしれません。

でも裏切りは絶対に許さない蠍座男子です。心変わりして彼を裏切ってしまう前に、変化した自分の気持ちや成長したいという考えを、彼に正直に伝えることです。

理解してくれるまで時間がかかるときもありますが、心のつながりを大事にする彼は、きっとあなたを理解してくれるでしょう。

無理に相手に合わせるのではなく、違う価値観であっても、それを理解しようとする気持ちがあれば、わかり合えるはずです。

山羊座女子（土）と蠍座男子（水）――◯

山羊座と蠍座は「土」と「水」いう、協力し合える関係です。

山羊座は現実的で忍耐力のある星座です。この星座は目標を決めたら、コツコツと着実に積み上げていくことが得意です。蠍座男子には強い精神力があります。

蠍座男子は、目標に向かって一生懸命な山羊座女子の生き方を尊重し、力になってくれる存在です。蠍座自身、一生懸命に目標に向かっていくタイプです。生きる姿勢が似ている二人だからこそ、お互いに応援し合えるのです。

山羊座女子は、がんばり屋です。自分では普通にしていることなので、それがつらいということはあまりないかもしれませんが、自分のそばで静かに支えてくれている人がいると思うと、心強く思うでしょう。

そんな蠍座男子の優しさが心地よくて、「気づいたら好きになっていた」のではないでしょうか。

山羊座女子は、自分の目標のために計算ができる人です。ただ夢を追いかけるのではなく、それを現実のものにしていきます。そんな山羊座女子の揺るぎない安定感は、変化や刺激を苦手とする蠍座には居心地がよいのです。

この二人は、お互いにわかり合える分、安定した組み合わせになりますが、それだけマンネリになる可能性もあります。ときどきは二人で新しい可能性やチャレンジを意図的に取り入れたり、共通の趣味や遊びを楽しむのもよいでしょう。

また山羊座女子から蠍座男子への愛情表現も忘れずに。それをすると、彼は安心して、あなたを愛し、支えてくれるでしょう。いつまでたっても変わらない彼の深い愛情で、あなたのがんばる力も、ますます大きく育っていきます。

水瓶座女子（風）と蠍座男子（水）――△

水瓶座と蠍座は「風」と「水」という、まったく違う性質の組み合わせです。

水瓶座はとても自由で、博愛的な星座です。権力や地位などによって人を差別することはなく、博愛な心を持っています。蠍座は、その真逆といってもいいでしょう。好き嫌いがはっきりしていて、嫌いな人や苦手な人にはあまり関わろうとしません。

そもそもの感覚が違う二人ですが、水瓶座女子は自分にまったくない価値観を認められる人です。自分にはない価値観を持つ蠍座に、目新しさを感じます。蠍座男子も、自由な精神の水瓶座女子に興味を示します。

けれども、意識の向け方も違う二人には、共通点が一つもないといってもいいほどです。水瓶座女子は個性的でヒラメキがあり、ファッションや考え方も一歩先をいく女性のイメージです。恋愛に関しても、蠍座は好きな人とずっと一緒にいたいのに対して、水瓶座女子は、恋愛や何か一つのことにのめり込むということはありません。自分からアプローチをしたりすることもありません。蠍座男子も、自分から積極的にアプローチをすることは苦手なので、二人の線はつながりません。水瓶座女子から声をかけたりしない限り、距離が縮まることはないでしょう。

彼のことを知れば知るほど、自分とは合わないことがわかります。自立している水瓶座女子は、好きな相手とはずっと一緒にいたいと思っている蠍座男子の気持ちや考えが理解できません。そんな彼を、とても狭い世界にいるように思えます。それを否定するのではなく、彼には彼の価値観があることを認められれば、長くつき合っていくことも不可能ではありません。

魚座女子（水）と蠍座男子（風）——◎

魚座と蠍座は「水」と「水」という、同じ性質の組み合わせです。水の星座は、「優しさ」という共通の性質を持っています。

魚座の優しさは広い心で、多くの人に愛を注いでいきます。それは慈悲深く、ときに自己犠牲的な愛です。蠍座も優しいのですが、魚座と少し違います。蠍座は自分の好きな人や愛する人には深い愛情を注いで、とことんつき合いますが、嫌いな人は嫌いと、はっきり自分の意思を持っています。

どちらも人の心を大切にする星座なので、通じるものはあります。生きるうえでの価値基準に「感情」が最優先事項にある星座同士なので、一緒にいても自然とお互いを気遣うことができるのです。

魚座女子は、蠍座男子の深い愛情を注がれると安心できます。蠍座男子は、魚座女子の献身的な愛情に満たされます。一緒にいることが、とても心地よい二人なのです。

魚座女子は、献身的な女性ということでは、12星座で一番といってもいいほどです。周囲の人たちの気持ちを察知して、そのために自分にできることをするのが、魚座女子の素敵なところです。

「彼を支えたい」「応援したい」という気持ちが強いのです。

涙もろい魚座女子は、嬉しいことがあっても、悲しいことがあっても、涙が出てしまうことが多いのですが、蠍座男子には、そんな魚座女子がかわいくてたまりません。一緒にいるだけで幸せを感じられる二人ですが、あまりにもお互いの存在を大切にしすぎて、愛にのめり込むあまり、依存関係に発展する場合があります。なんでも彼氏優先、彼女優先では、お互いの可能性を狭めてしまうかもしれません。

もともと相性のいい二人です。「心」を通わせたうえで、お互いが自立した気持ちを忘れないことも必要になってきます。

6

Relationship

蠍座男子との
つき合い方

蠍座男子が家族の場合

父親、兄弟、息子が蠍座の人

父親が蠍座の人

蠍座男子を父に持ったあなたは、たっぷりの愛情を注がれて育ってきたはずです。どんな父親でも、自分の子どもはかわいいものですが、蠍座の父親の愛情は、他の星座の父親に比べれば、特別といってもいいほどです。

警戒心の強い父親は、子どものことが心配でなりません。自分の目の届かないところで何かあってはいけない、と過保護に考えてしまいます。

そのために、「あれはダメ」「これはダメ」というように、子どもを制限して、自分の考えを押しつけてしまいがちです。

かといって、基本は優しい父親なので、子どもであるあなたは、そのことがそれほど窮屈《きゅうくつ》に感じることはなかったでしょう。けれども、10代も半ばになれば、父親のことを口うるさく感じるようになります。

蠍座の父親は、子どもが大きくなっても、小さい頃と変わらずの愛情を注いでいるのです。とくに娘に対して、とても甘い父親です。

たとえ表面上は厳しい父親でも、あなたのことを思うあまりに、いろいろ制限してしまうわけです。

家族や自分の愛する人とは、精神的につながっていたいと願っている蠍座男子です。あなたたち家族や子どものことは、誰よりも大切にしています。家族のためにできることは、命をかけてもいいと本気で思っています。

父の日や父親の誕生日には、感謝の言葉を伝えましょう。

「いつも、ありがとうございます」

「お父さんが私のお父さんでよかった」

家族からの感謝や励ましは、父親にとって、これ以上ない応援であり、プレゼントになります。感謝の気持ちを言葉にして伝えましょう。特別な記念日だけでなくてよいのです。日頃からお父さんの愛情を感じていることを伝えると、より一層あなたを大切にしてくれるでしょう。

兄弟が蠍座の人

自分の好きなことには興味を示し、とても熱心になる。でも、それ以外のことには無関心――そんな兄の行動を、妹のあなたは「わかりやすいヤツ」と感じていたのではないでしょうか。

スポーツや勉強の科目、好きな女の子のタイプまで、

「お兄ちゃんはきっとコレが好き」

と見抜けてしまうほど。甘えると、なんだかんだと文句を言いながらも、お願いを聞いてくれる優しい兄ですが、でも、ときどきイライラしているのもわかる。

蠍座男子の兄は、友達の数は多くはありません。行動パターンも、昔からほとんど

変わっていません（少なくとも、家族はそう思っています）。おしゃべりではないけれど、気持ちはわかってくれている、という安心感があるのではないでしょうか。

では、蠍座男子の弟についてはどうでしょうか。

好き嫌いがはっきりしていて、甘えっ子。母親や家族の誰かとくっついていたり、くっついていなくても、家族のいるところが彼の居場所だったのではないでしょうか。ワガママも言うし、嫌いなものは絶対拒否の弟に、家族はときどき手を焼いてしまいますが、なぜか憎めない、かわいさがあります。そんな甘え上手な弟を、ついつい甘やかして、家族中が彼に振りまわされていた、ということもあるでしょう。

蠍座男子は静かに見えて、心の内では熱いハートを持っています。

小さい頃は気持ちを隠せずに振る舞っていたかもしれませんが、大人になるにつれて、しだいに落ち着いて、口数が減り、本音を見せないようになるかもしれません。

家族には、口に出さなくてもわかり合える部分があります。

身近だと褒《ほ》めたり、気持ちを打ち明けたりする機会がありませんが、がんばっている兄弟には、意識して褒めてあげるようにしましょう。

人の気持ちを大切にする蠍座男子です。家族からの愛のこもった優しい言葉は、蠍座男子にはいちばん嬉しいのです。

息子が蠍座の人

蠍座の息子は人見知りで、引っ込み思案なところがあります。

「仲良しはあの子」と決めたら、それ以外の友達を自分から増やそうとはしません。学校や地域の集まりがあっても、自分から人の輪のなかに入ったりすることはなく、一人でいても平気なように見えるほどです。

好きになったらどこまでも追いかけるけど、そうでない人とはつき合いたくない、という気持ちをあからさまに態度に表します。

引っ込み思案なところがあるといっても、人の後ろに隠れて、モジモジするようなタイプではありません。人前に出たりするのは苦手だったり、慣れない場所ではおとなしくしていたりしても、何かのキッカケで、見たこともないようなエネルギーと行動力を発揮します。そんな極端なところが、親としては、戸惑ってしまうことがあるかもしれません。

蠍座男子は、本質を見抜く力があります。また、何事に対しても、自分の感じたことを優先して行動するので、周囲からすれば、彼の行動は唐突に感じることがあるかもしれません。でも、彼には彼なりの理由があって、それをしているのです。

好きなことへ向ける気持ちは、誰にも負けません。目標や夢が持てたら、そこに向かい到達するまで、我慢強く取り組んでいきます。

そんなときは、彼の好きにさせておくことです。黙って見守ることで、目標を達成する強い心が育っていくでしょう。

嫌いなこと、苦手なことを無理強いしても、うまくいきません。蠍座には、強い信念があるのです。「これは面白いかもしれない」と思えば、自分から積極的に動いていくでしょう。

親としてできるのは、そんな機会をできるだけ多くつくってあげることです。

自分の世界を広げることには躊躇《ちゅうちょ》してしまう蠍座男子ですが、小さな頃から少しずついろいろな場所に連れ出し、自然に人と関わることで、知らずしらずのうちに世界が広げていくことができるでしょう。

蠍座の優しさや大切なものを守りぬく強さを尊重しながら、たっぷりと愛を注いで育てることが重要です。注がれた愛をきちんと感じることができるのも、蠍座の息子の素晴らしい才能です。年齢とともに成長した蠍座の息子は、母親であるあなたにとって、誰よりも頼もしい味方になってくれるでしょう。

蠍座男子が友人(同僚)の場合

困ったときに助けてくれる頼もしい存在

どこか声をかけにくい雰囲気や、静かだけど存在感のある蠍座男子は、あまり自分から積極的に行動することはありません。
だからといってサボっているわけでもなく、やることはキッチリとやっている。馴染《なじ》むまでには時間がかかるかもしれませんが、キッカケができると、案外うまくつき合っていけるものです。もともと優しい彼は、仲良くなると親身になって心配してくれたり、困ったときに助けてくれたりする頼もしい存在。あまり多くを語らないところも、信頼できるプラスポイントです。
プライベートなことも仕事での内密なことも、彼にはつい話してしまう、という人は、あなただけではないようです。人から信頼されて、悩みを打ち明けられる彼は、じつは社内一の情報通かもしれません。

もちろん、彼がその情報を漏らすことはありませんが、人には言わないけれど、心のなかで、自分なりにジャッジしています。

彼と一緒にいると、ドキドキするのは、その鋭い視点で見抜かれているような気持ちになるからかもしれません。実際、蠍座男子は本質を見抜く目を持っていて、その鋭い視点が、一緒に企画やプロジェクトを進めていくときに役立ちます。

大抵のことは自分なりに進めていく彼ですが、慣れない場所や初めてのプロジェクトに取り組むときなどは不安になっていることがあります。そんなときには、あなたからさりげなくサポートしたり、フォローしたりすることで、信頼関係が生まれ、仲間として、より深いつながりを持てるようになるでしょう。

蠍座男子が目上（上司、先輩）の場合

ウソのない行動でかわいがられる

本来は優しい人ですが、そう感じるまでには、時間がかかるかもしれません。

蠍座の上司は、偉そうにしているわけではないのに、どこか近寄りがたいところがあります。それは、人によって態度が変わるところがあるからかもしれません。

仕事でもプライベートでも、距離が縮まると深く理解して見守ってくれるのが蠍座男子です。でも、そうでない人には、強烈に厳しい態度をとったりします。

そんな様子を見て、自分はどう接していいかわからない、と悩んでいる部下もいるでしょう。あなたも、そんな一人かもしれません。

蠍座の上司が厳しくあたるのは、上司自身もまた、その部下に対して、どう接していいかわからないから、ということがあります。本心がわからず、仕事に対して、い

い加減な態度をとっていると思えば、彼は厳しい上司になります。

蠍座男子は相手の気持ちを大切にし、心と心を通わせることで、相手のと距離を縮めようとします。自分が仕事に対して熱心な分、表面だけを取り繕《つくろ》うような、口先だけのやり方は嫌いで、許せないと思ってしまうほどです。

蠍座の上司とうまくつき合うには、コミュニケーションをとることとです。

「わざわざ報告するまでのこともないか」というようなことでも報告することとです。

また、ミスをしたり、期限を守れなかったりしたときには、きちんと謝ります。

目標を達成できなかった場合には、自分の悔しかった気持ち、次にはがんばる、という気持ちを伝えることとです。もちろん、伝えたあとは、行動に移していきましょう。

どれも部下としてあたりまえのことですが、案外、言ったつもり、やったつもりになっているだけのことがあります。

蠍座上司がかわいがるのは、そうしたあたりまえのことを、ちゃんとできる部下です。上司を信頼して、正直な気持ちで接してくれる人。結果はともかく、言葉と行動にウソがないことで、上司も部下を信頼できるわけです。

仕事で思うように結果を出せなかったときに、人のせいにしたり、口先だけの謝罪や行動は、蠍座男子の最も嫌うところです。こういう態度を一度でも見せたら、蠍座男子は、「ダメなヤツ」のレッテルを、あなたに貼ってしまいます。

このレッテルは、なかなか剥がれません。時間をかけて誠実に向き合うことで、いつか剥《は》がれることはあるかもしれませんが、それまでは厳しくされることを覚悟しておきましょう。

いったん信頼すると、あれこれと細かいところまで面倒を見てくれる上司です。ときには、厳しいことを言うこともありますが、それはあなたのためを思ってのことです。彼の期待に応えて、正直に働く姿を見せることで、蠍座上司とうまくつき合っていけるでしょう。

蠍座男子が年下（部下、後輩）の場合

チームワークより、一人で集中できる仕事が得意

「ときどきマイペースすぎて大丈夫かなと思うけれど、静かにじっと、やるべきことはやっている」というのが、後輩（部下）の蠍座男子の印象です。

初めのうちは彼の本心がつかめず、正直、何を考えているのかわかりにくいタイプですが、慣れてくれば、扱いやすい面もあります。

自分の好きなことには集中して、どんなに難しいことでも、途中であきらめることはありません。一人で黙々と仕事に取り組んでいきます。

その意味で、チームワークが必要な仕事よりも、一人で集中できる仕事のほうが能力を発揮しやすいでしょう。

口には出さないけれど、彼なりの高い目標を持っていたり、胸にしまっていたりしま

す。ふだんは積極的なほうではありませんが、じつは出世や成功のチャンスやキッカケ、そのタイミングを狙っているのです。一緒にいる時間が長くなると、それが、なんとなく彼の言動からわかるようになります。

だからといって、お金などの物欲が彼にとっての優先事項ではありません。蠍座男子は、物質的なことよりも、自分の心が満たされることが大事なのです。

たとえば、好きな人のためには、徹底的に時間やお金を使います。自分は寝ていなくても仕事を手伝ったり、熱心に世話をしようとします。また、熱烈なアイドルの追っかけやファンであったりもします。逆に嫌いな人には、ときどき「それって意地悪じゃない?」と思うことを言ったりします。

彼には年齢やポジションに関係なく、本心でつき合っていくことが大切です。失敗も成功も一緒に喜んだり悲しんだり、彼の気持ちを理解して、応援してあげる姿勢を見せることです。自分の理解者だと知れば、彼はあなたにとって、信頼できる部下となって、力になってくれるでしょう。

蠍座男子が恋人未満の場合

時間をかけて心を通わせる

ミステリアスでセクシーな蠍座男子は、女子からの人気が高い。アグレッシブであったり、さわやかだったり、というイメージはありませんが、多くを語らない分、「彼のことをもっと知りたい」「彼のそばにいたい」という女心をくすぐるのです。

では実際に、彼に近づくには、どんな女性であることが必要でしょうか。繰り返し述べてきたように、蠍座男子は、強い精神力を持っています。そのエネルギーの強さは12星座のなかでトップクラスです。

そんな彼に近づきたいと思っていたら、彼に好まれる女性になることが大切です。好まれる女性になるといっても、彼に無理に合わせたり、媚びるということではありません。それでは逆効果です。

人に媚びたり、誰かに自分を合わせたりするような女性を、彼が好きになることはありません。どちらかといえば、そういう人間を嫌います。

いつも正直であり、自分の心にウソをつかないことが、彼にとっての大前提です。

蠍座男子は、一瞬で相手のことを見抜く目を持っています。

話し方、立ち振る舞いで、相手がどういう人間か見抜いてしまうのです。

その場を取り繕《つくろ》っただけのような行為は、簡単に見破られてしまうでしょう。

それなら、年相応、身分相応で勝負することです。

飾らない素《す》の自分を出してみるのです。

「それじゃ、彼の気持ちをつかむことができない」とあなたは思うかもしれません。

蠍座男子は、色気のある女性に惹かれますが、彼が感じる色気とは、あなたがイメージするものとは違うかもしれません。

蠍座男子は、「飾らない」なかで、ちょっとした色気を見つけ出すことが得意です。

彼とのデートだからと、慣れないハイヒールを履いていったとします。歩き方が不自然で、どう見ても「カッコ悪い」と自己嫌悪《けんお》に陥《おちい》りそうになったら、「今日はちょっと無理しちゃった」と正直に言ってみましょう。そんなあなたに、彼は「かわいさ」を見つけて、心を動かされたりします。

また日頃から、彼のことを「好きだ」ということを伝えるというのもアリです。彼はなかなか本心を見せませんが、あなたのことを意識するようになるかもしれません。焦《あせ》らず、少しずつ、心を通わせていきましょう。

彼が安心して心を許せる環境をつくっていくことも大切です。ゆっくり時間をかけながら、まずは「信頼できる相手」と認めてもらうことで、二人の距離は、ぐんと縮まっていくでしょう。

蠍座男子が苦手（嫌い）な場合

無理に好きになる必要はない、でも理解してみる

あなたは蠍座男子のどこが苦手ですか？

黙っていて、何を考えているかわからないところですか？

好き嫌いが激しいところですか？

強情なところですか？

その全部でしょうか？

こうしたところは、蠍座男子の性分なので仕方がないのです。

この星座の男子は、物質的なものよりも精神的なつながりや成長を望んでいます。

「目の前の現実よりも、いかに心を満たしていくか」

「生きている意味とは何か」

「いまを生きるために何をするか」

ということを常に考え、生活をしています。

「生きている意味」となると哲学的になってしまい、明確な答えは出ることはありません。

日常生活をしていくなかでも、そんなことを考えなくても人は生きていける、むしろ、そんなことよりも目の前のことに取り組むほうが必要なんじゃないかという意見もあるでしょう。

蠍座は自分の命をかけて一つのことに取り組んだり、深く追求していくことを人生のテーマとします。それは仕事であったり、なにかの技術であったり、愛する一人の人のためだったりするかもしれません。

また自分の思いや覚悟は、自分自身のなかで固まっていればよいと考えているので、あえて他の人に自分の思いを伝える必要もないと考えています。

それが、ときに彼を「秘密主義」や「何を考えているのかわからない」という印象を人に与えてしまうのでしょう。

自分の確固たる感覚を信じ、瞬時に状況を読み取る能力もある蠍座男子なので、好き嫌いという好みもはっきりしています。

好きなものは徹底的に好きだし、嫌いなものは絶対に受け入れられない。そういう極端にも思える価値観は、いい加減なモノの見方や、どうでもいいという投げやりな生き方をしていたら、できない判断です。

「感情」や「情」という人の心の持ち方を重視する水の星座のなかでも、蠍座男子はブレない芯を持っています。

そのため強情ととられてしまうのですが、これこそが、この本のタイトルでもある「強い精神力」につながっていくのです。

一つのことをやり抜くまであきらめない強い心を持っている、それこそが12星座で「いちばん精神力が強い」蠍座男子です。

また蠍座男子は、人に対しては好き嫌いがはっきりしています。自分を嫌っている相手には、自然とそれが伝わるものです。だから、そういう人に自分から近寄っていく人は少ないでしょう。

けれども、それでも人間です。できるなら仲良くしていきたい、仲良くならないまでもケンカは避けたいと思うのが、普通の人としての思いでしょう。

彼に無理に合わせることはありませんが、彼の本質を少しでも理解し、見方を変えてみると案外、育てがいがあるかもしれません。

あなたの愛の大きさで優しく育ててあげては、どうでしょうか？

7

Maintenance

蠍座男子の強みと弱点

蠍座男子の強み

自分の信じるものを一途に追いかける

自分の確固たる価値観を持ち、優しいけれども、見せかけだけの同情はしない蠍座男子です。

一人の人や一つの目的に向かう思いが、どの星座よりも強いのです。

そのため、執着や嫉妬というネガティブな表現をされる場合もありますが、それこそが蠍座男子の強みです。

この情報化社会において、日々変化する状況のなかでも物怖じすることなく、自分の信じるものを一途に追いかける強さがあります。

情報を追いかけて、結局自分というものがわからなくなったり、見失ってしまう人が多いなかでも、彼は自分を信じ、自分が信じたことを信じるという「ブレない強い気持ち」を持っているのです。こうした強い気持ちで目標を達成したり、愛する人を愛し続けていくことができます。

また、こうした強さが、危機的状況に陥ったときでも発揮されます。

人の本性というのは、危機的な場面ではっきりと見えてくるものです。危ないとわかったときや、どうしようもないときに豹変したり、驚くような人格を見せたりするのです。

でも、そんなときにも、変わらないのが蠍座男子でしょう。

緊急事態のときに、普通の人ならパニックになりそうな状況でも、彼は「大丈夫。落ち着いて」とか「なんとかしよう」と言ってくれます。

実際には、なんとかできなくても、そういうふうに落ち着かせてくれる人がそばにいると安心できます。彼のそばにいると安心できる、というのは彼自身が、常に揺るがない強い心を持っているからなのかもしれません。

蠍座男子の弱点

瞬発的な情熱と感情の激しい変化に注意

蠍座男子には、秘めた情熱や確固たる意志があります。ふだんはそれを表に出すことはしませんが、いざというときに、周囲はそのことを思い知ることになります。勇者オリオンを倒したときのように、激しい感情を露わにすることがあります。もともと「そういうタイプ」であれば、周囲も驚くことはありませんが、日頃は、「寡黙な人」というのが蠍座男子の特徴です。

水の星座は情が深く、よくも悪くも感情的になりがちですが、蠍座は、自分の興味のないことや関わりのないことには冷静です。

そんな蠍座男子が怒ったら、それこそ頭に血がのぼって、実際に血圧が上がってしまうほどです。

蠍座の気をつけたい体の部位の一つに腎臓がありますが、腎臓は、高血圧になると負担がかかります。

また、愛する人とは精神的なつながりを強く求める蠍座は、それを肉体がつながることで確かめようとします。つまりセックスすることが、愛情のバロメーターになるわけです。

寂しくなったり、誰か愛する人と寄り添っていたいと思う気持ちが強くなったりすると、セックスの回数は自然と多くなります。

セックスの回数が増えると、性器、泌尿器などの病気にも気をつけなければなりません。秘めた熱い思いは、その使い方によって、肉体的にも精神的にもストレスとなるので注意が必要です。

8 Option

蠍座男子と幸せになる秘訣

蠍座男子を愛するあなたへ

彼の愛が信じられないとき

蠍座男子は強い精神力と、深い愛情も持ち合わせています。愛情が深すぎて、人にはそれが伝わらないことがあります。青い海や湖も、深いところになると青さが濃くなって、黒く見えます。人は深く暗い場所は、好みません。ダークなイメージで、怖い感じがするからです。

でも蠍座男子は、その陰の部分を自分の魅力としているところがあります。自分軸があるために自信があります。その自信と優しさが男の色気となって、フェロモンを出しています。

蠍座男子に共通する魅力に、セクシーさがあります。セクシーな人は老けない。いくつであっても、大人の男を感じさせます。

あなたが愛した蠍座男子にも、そう感じさせるところがあるのではないでしょうか。

多くを語らず、自分の気持ちに揺らぎのない蠍座男子は愛する人には一途です。

彼は愛する人を裏切ることはしません。

彼があなたを選んだということは、あなたと一生を共にしたいと思っていることを意味しています。その覚悟をもって、あなたとつきあい始めたのです。

いまのこの時代に、覚悟できるほどの強い気持ちが持てるというのは、蠍座男子ならではです。

覚悟ができると、人は強くなれます。

強くなった人は、他の人までも守り育てることができるのです。自分以外の誰かを守り育てる世界は、自然と幸せが満ち溢れてきます。

幸せを満たし、溢れさせる蠍座男子には、あなたの愛がいちばん必要です。

蠍座男子と一緒に幸せになる

深く激しい愛を持った愛すべき存在

蠍座男子は、本当に情の深い人。あなたのことを、全身全霊をかけて愛してくれるでしょう。そんな彼は、あなたにも、自分と同じくらいの愛情と優しさを求めてきます。

「愛する人と一緒にいられれば、他は何もいらない」

そんな深い愛を受けとることで、蠍座男子の心は満たされます。

「心を通わせて、つながる」

「一緒になれることにひたる」

そういうことを確認できることで安心できるのです。

女性なら誰しも一度は、「死ぬほど愛されたい」という気持ちがあるでしょう。

それをしてくれるのが、蠍座男子です。

セックスも濃厚で、年をとっても衰えない精力がたっぷりあります。

少子化の時代、また草食系男子どころか絶食系男子が増えたとされる今時は、彼らの存在は貴重です。

女性の魅力は、男性のフェロモンによって引き出される部分が多くあります。

女性がいつまでも女性として美しくあるには、セックスも大切な要素です。

性格的には少々強情で、扱いにくい面もありますが、一途な思いの蠍座男子は愛すべき存在です。積極的に愛してあげてください。

蠍座男子にかぎらず、その人のことを知れば知るほど、欠点が目について、「やっぱりやめておこう」「こんな人とはつき合えない」と思うようになるかもしれません。

でも、欠点はお互い様です。そして、欠点は長所の裏返しです。

そのことを理解して努力することに、私たちの生きる目的があります。

蠍座男子と幸せになるには、彼を理解することです。

強情な彼も、多くを語らない彼も、受け入れてあげることです。

あなたが無理をする必要はありません。

あなたはあなたのままで、つき合っていけばいいのです。

彼が戸惑うこともあるかもしれませんが、彼なりに、あなたを理解しようとしてくれているのであれば、そのことを認めてあげてください。

お互いに認め合うことができれば、一人と一人の人間同士、愛し、愛される関係を築いていけるのではないでしょうか。

おわりに
相手を理解して運命を好転させる

人は夜空に輝く星を、はるか昔から眺めながら生活してきました。

それはただ美しいと感じるだけではなく、あるときは生きるために、あるときは王様や国の運命を見るために、星の動きや位置を見ていたのです。

昔の人は、月が欠けて見えなくなると大騒ぎでした。夜が真っ暗になるのは不安だったのです。反対に満月になると大喜びしたものです。

その月や星の動きや位置を、たくさんの人が関わりながら研究し、長い長い時間を経て、現代の私たちに伝えてきたのです。

さて、本書では、蠍座男子のいいところも悪いところも書いてきました。

性格にはいいも悪いもなく、長所と短所は背中合わせです。長所がいきすぎれば短所になり、短所と思っていたところが長所になることがあります。

蠍座は10月24日から11月22日（その年によって多少ズレがあります）のあいだに生まれた人です。西洋占星学では、一年は牡羊座から始まり、最後の魚座まで12の星座に分類しています。それぞれに長所があり、短所があります。

12星座で「いちばん精神力が強い」蠍座男子は、あなたの星座によっては、ときに理解しがたい存在かもしれません。

自分の常識では、

「どうして、そんなふうに言うの？」

「どうして、そんな態度をとるの？」

と思うことも少なくないかもしれません。

けれども、「蠍座」の価値観や行動パターンを知れば、許せるかどうかはともかく、理解することはできるでしょう。

彼を理解することで、自分への理解を深めることもできます。

彼に対しての「許せないこと」は、あなたにとっての大切なことです。

それがわかれば、あなたのことを彼に理解してもらえるかもしれません。

蠍座は深く強い愛情を持つ星座です。あなたのことを理解したなら、それまで以上に、あなたにとって強い味方となります。


ところで、早稲田運命学研究会は、２００９年2月25日（新月）、一粒万倍日《いちりゅうまんばいび》に発足しました。

「一粒万倍日」とは、「大安」と同じように縁起のいい日のことで、「一粒《ひとつぶ》の籾《もみ》が万倍にも実る稲穂になる」という意味です。結婚や開業、なにか新しいことをスタートするときには、この日を選ぶと繁栄します。反対に、この日に借金などをすると、借金が大きくなってしまうので避けなければなりません。

それはともかく、早稲田運命学研究会は、運命を読み解いていくことを目的として、私が主宰しているものです。

「運命」を読み解くには、その前に、そもそも「運命」とは何であるかを押さえておかなければなりません。言い換えれば、その人の「運命を決めるもの」とは何か、ということです。

これは、「占術」のジャンルで見ていけば、わかりやすいかもしれません。

つまり、姓名判断の人から見れば、「運命は名前によって決まる」というでしょうし、占星学でいえば、「生まれた星の位置で決まる」ということになります。

そう考えると、「運命を決めるもの」は、占い師の数だけあるといってもいいでしょう。それらのどれが正しい、正しくないということはありません。むしろ、そのすべてに一理ある、と私は思っています。

しかし、時に運と運命を一緒くたにしている人がいます。あるいは受けとる側が一緒くたにしてしまうことがある、ということもあります。

運命とは何かというときに、それは「運」とはまったく違うものだということを、しっかり憶えておきましょう。

「運」というのは、簡単に言えば、「拾えるもの」です。

「運命」は、「運」のように、たまたま拾ったりするものではありません。

「命を運ぶこと」が、「運命」です。自分の命をどう運ぶか、ということ。そこに「たまたま」という偶然はありません。

それだけに非常に厳しいものだ、と考えなければならないものです。

あることがきっかけで運命が変わった、という人は多いでしょう。

たとえば、結婚をして運命が変わったとか、その会社に就職して運命が変わった、というようなことがあるでしょう。

結局は「そうなる運命」だったということもできますが、もしも「変わった」とすれば、それは、その人自身が、あるところで「自分の命の運び方」を変えたことによって起きたのです。

この「運命を変える」ことは、簡単ではありません。

ある日誰かがひょいと自分を持ち上げて、「うまくいかない運命の道」から「うまくいく運命の道」に置き換えてくれたら楽ですが、そんな「奇跡」は起こりません。

しかし、あなた自身が、自分の「命の運び方」を変えさえすれば、あなたの運命はあなたの望むように変えることができるのです。

私はもともと運命論者で、文芸誌の編集者時代に、芥川賞作家にして、手相学・人相学の天才ともいわれた五味康祐に人相学・手相学をはじめとする「運命学」を直接学び、以来、独自に研究を重ねながら、運命に関する著作も多く執筆してきました。

当会顧問のアストロロジャー、來夢先生は、そんな私のことを「運命実践家」と呼びます。『12星座で「いちばんプライドが高い」牡羊座男子の取扱説明書』から始まり、「牡牛座」「双子座」「蟹座」「獅子座」「乙女座」「天秤座」に続いて、本書でも共に監修していただけたことに感謝申し上げます。

運命の本質を知ることは自分を知ることであり、人生を拓く大切な一歩になります。

本書『12星座で「いちばん精神力が強い」蠍座男子の取扱説明書』を手にとってくださったあなたは、いま現在、蠍座の男子とつき合っているのかもしれません。これからつき合おうと思って読んでみたという人もいるでしょう。あるいは職場や仕事上で、蠍座の男性と関わりがあるという人も多いはずです。

愛情深く、あきらめない強い思いを秘めている蠍座男性とつき合っていくときに、ぜひ本書を脇に置いて、事ある毎にページをめくっていただけたら幸いです。

早稲田運命学研究会主宰
櫻井秀勲

●監修者プロフィール

來夢（らいむ）

アストロロジャー＆スピリチュアリスト。星活学協会会長。経営アストロロジー協会会長。早稲田運命学研究会顧問。マイナスエネルギーをいかにプラスに変えるかという実用的な視点から占星学を活用。OL、主婦からビジネスマン、成功経営者まで、秘密の指南役として絶大な支持を得ている。著書に『月のリズム　ポケット版』『「あたりまえ」を「感謝」に変えれば「幸せの扉」が開かれる』（きずな出版）、『「運」の正体』（ワック）、『らせんの法則で人生を成功に導く　春夏秋冬理論』『運活力』（実業之日本社）、共著に『誕生日大事典』（三笠書房）他多数。

シーズンズＨＰ　http://www.seasons-net.jp/

櫻井秀勲（さくらい・ひでのり）

早稲田運命学研究会主宰。１９３１年、東京生まれ。東京外国語大学ロシア語学科卒業。文芸誌の編集者から31歳で「女性自身」の編集長に。当時、毎週１００万部の発行部数を維持し出版界では伝説的存在。文芸誌の編集者時代に、芥川賞作家にして、手相学・人相学の天才ともいわれた五味康祐に師事。人相学・手相学をはじめとする「運命学」を直伝。以来、独自に研究を重ねながら、占い・運命学を活用。著作は『運のいい人、悪い人』（共著、きずな出版）、『運命は35歳で決まる！』（三笠書房）、『日本で一番わかりやすい運命の本』（ＰＨＰ研究所）など２００冊を超える。

早稲田運命学研究会　公式ＨＰ　http://w-unmei.com/

12星座で「いちばん精神力が強い」
蠍座男子の取扱説明書
2018年2月1日　初版第1刷発行
監　修　來夢、櫻井秀勲
著　者　早稲田運命学研究会
発行者　岡村季子
発行所　きずな出版
東京都新宿区白銀町1-13　〒162-0816
電話　03-3260-0391
振替　00160-2-633551
http://www.kizuna-pub.jp/
ブックデザイン　福田和雄（FUKUDA DESIGN）
編集協力　ウーマンウエーブ
印刷・製本　モリモト印刷

ISBN978-4-86663-023-6

好評既刊

運のいい人、悪い人
人生の幸福度を上げる方法
本田健、 櫻井秀勲

何をやってもうまくいかないとき、大きな転機を迎えたとき、運の流れをどう読み、どうつかむか。ピンチに負けない！ 運を味方にできる人のコツ。
本体価格 1300 円

人脈につながる話し方の常識
櫻井秀勲

大人の社交術をマスターしよう――。話術の基本から話題の選び方、女性の心を動かす話し方まで、人脈につながる話し方55のルール。
本体価格 1400 円

人脈につながるマナーの常識
櫻井秀勲

知らないために損していませんか？ マナーの基本や教養、男女間の作法に至るまで、いま本当に必要な人脈につながる55のルール。
本体価格 1400 円

來夢的開運レター
「あたりまえ」を「感謝」に変えれば「幸せの扉」が開かれる
來夢

あたりまえを感謝することで、あなたにしか歩めない「道」に気づける――。アストロロジャーである著者が、いまのあなたに伝えたいメッセージ。
本体価格 1400 円

月のリズム ポケット版
生まれた日の「月のかたち」で運命が変わる
來夢

月の満ち欠けから、あなたの月相、ホロスコープから見る月星座、毎日の気の流れを読む二十四節気まで。月のパワーを味方にして、自分らしく生きるヒント。
本体価格 1200 円

※表示価格はすべて税別です

書籍の感想、 著者へのメッセージは以下のアドレスにお寄せください
E-mail：39@kizuna-pub.jp

きずな出版
http://www.kizuna-pub.jp/

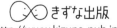